AF705098

Kohlhammer

Perspektiven auf Gesellschaft und Politik

Herausgegeben von Thomas Hauser, Prof. Dr. Tanjev Schultz, Prof. Dr. Guido Spars und Prof. Dr. Daniela Winkler

Bisher in der Reihe erschienen:

Tanjev Schultz (Hrsg.):
Was darf man sagen? Meinungsfreiheit im Zeitalter des Populismus; 2020, 176 Seiten, € 17, ISBN: 978-3-17-038304-3

Stefan Iskan (Hrsg.):
Corona in Deutschland. Die Folgen für Wirtschaft, Gesellschaft und Politik; 2020, 174 Seiten, € 18, ISBN: 978-3-17-039608-1

Tanjev Schultz (Hrsg.):
Auf dem rechten Auge blind? Rechtsextremismus in Deutschland; 2021, 148 Seiten, € 17, ISBN: 978-3-17-040064-1

Guido Spars (Hrsg.):
Wohnungsfrage 3.0; 2021; 217 Seiten, € 19, ISBN: 978-3-17-040176-1

Thomas Hauser/
Philippe Merz (Hrsg.)

Vom Bürger zum Konsumenten

Wie Ökonomisierung unser Leben verändert

Verlag W. Kohlhammer

Bürgerdämmerung
Immer weiter auf der Leiter kletterten Technokratien
und der Bürger goss die Blumen, denn es ging auch ohne ihn.
Alles war für ihn geregelt, durch Algorithmen, Markt und Staat
Und der Mensch ward sozusagen ein vergnügter Konsumat.

– Thomas Hauser featuring Erich Kästner

Umschlagabbildung: Digitale Evolution, Grafik: altmodern, iStockphoto (iStock-504177904)

1. Auflage 2021

Gesamtherstellung: W. Kohlhammer GmbH, Stuttgart

Print:
ISBN 978-3-17-038300-5

E-Book-Formate:
pdf: ISBN 978-3-17-038301-2
epub: ISBN 978-3-17-038302-9
kf8: ISBN 978-3-17-038303-6

Inhalt

Ökonomisierung: Eine Herausforderung wird besichtigt

Thomas Hauser und Philippe Merz

Jede Perspektive ist im Wortsinn relativ. Sie ist Teil eines Ensembles verschiedener Blickwinkel und Deutungen, die jeweils unterschiedliche Eigenschaften und auch Möglichkeiten eines Phänomens hervorheben. Damit vernachlässigt jede Perspektive unweigerlich andere Deutungsmöglichkeiten oder blendet bestimmte Facetten sogar gänzlich aus. Das ist zunächst keineswegs problematisch: Eine Architektin blickt anders auf ein Haus als ein Statiker, eine Immobilienmaklerin anders als ein Tourist, die Mitarbeiterin einer Vermietungsplattform anders als der Mitarbeiter des städtischen Bauamts. Sie alle nehmen sowohl gemeinsame als auch unterschiedliche Facetten des Gebäudes wahr und heben diese hervor, geleitet von eigenen Interessen oder institutionellen Aufgaben. Das ist nicht nur legitim, sondern sogar ein wesentlicher Bestandteil ihrer jeweiligen sozialen Rolle.

Problematisch wird eine solche Fokussierung jedoch dann, wenn mit ihr der Anspruch einhergeht, die Fokussierung sei gar nicht relativ, sondern vielmehr absolut, also die einzig mögliche Deutung eines Phänomens. Dann wird aus einer Perspektive eine Ideologie. Karl Mannheim, der Soziologe, hat diese These sinngemäß schon vor fast 100 Jahren formuliert (vgl. Mannheim 2015).

Mit Blick auf das Schlagwort der »Ökonomisierung« lautet die zentrale Frage somit: Sind wir als Gesellschaft in den vergangenen Jahrzehnten mehrheitlich der Versuchung erlegen, die ökonomische Perspektive sowohl auf die Phänomene der sozialen Welt als auch der Natur einseitig dominieren oder sogar absolut werden zu lassen? Haben wir nicht nur Finanzmärkte dereguliert und öffentliche Güter privatisiert, sondern auch Grundgüter unserer Existenz wie die Natur, das Wohnen, Gesundheit und Bildung, ja sogar unser Selbstverhältnis von einer effizienzorientierten Verwertungs- und Steigerungslogik bestimmen lassen? Haben wir diese Güter damit kompromittiert oder sogar korrumpiert? Und wenn dem so ist, schreitet diese Entwicklung weiter voran, wie es der dynamische Unterton des Begriffs »Ökonomisierung« nahelegt, oder lassen sich bereits handfeste Gegentendenzen und mögliche Auswege ausmachen?

Fest steht zunächst, dass der Begriff längst nicht mehr nur im geistes- und sozialwissenschaftlichen Fachdiskurs oder im linksliberalen Feuilleton kursiert, sondern in der gesamten Auseinandersetzung um die Zukunft unserer Wirtschaftsordnung und Gesellschaftsentwicklung eine zentrale Rolle einnimmt. Umso wichtiger ist es, seine Mehrdeutigkeiten sichtbar zu machen und ihn kontextabhängig zu präzisieren.

Zunächst gilt es jedoch, mit einem Missverständnis aufzuräumen. Nicht die Marktwirtschaft als solche ist das Problem, sondern das, was Menschen aus ihr machen und gemacht haben. Markt ist zunächst nicht mehr als das Zusammentreffen von Angebot und Nachfrage, aufgrund dessen sich Preise bilden. Diese »spontane Ordnung« ist aus vielerlei Gründen für Menschen und Gesellschaften vorteilhaft, angefangen bei der materiellen Bedürfnisbefriedigung bis hin zur zivilisierenden Kraft des grenzüberschreitenden Handels. Einem großen Teil der Menschheit geht es mit ihr heute weit besser als vor 100 Jahren. Sie bedarf aber – das zeigt die Wirklichkeit – mehr Regeln als die »unsichtbare Hand«, die der Moralphilosoph Adam Smith am Werk sah. Doch wo es um Regeln geht, geht es immer auch um die Macht, diese Regeln festzulegen, durchzusetzen und mit ihnen erfolgreich umzugehen. Damit ist stets auch die Gefahr des Machtmissbrauchs verbunden. Mindestens ebenso sehr – und zumeist weniger beachtet – geht es jedoch um unsere Denkmuster und Bewertungsgewohnheiten. Wer diese beherrscht, verändert langfristig die Verhaltensweisen der Menschen. In diesem Sinne lässt sich ein viel zitierter Satz des britischen Staatsmanns Winston Churchill zum Wesen der Demokratie auch auf unsere Wirtschaftsordnung anwenden: Die Marktwirtschaft ist das schlechteste aller Wirtschaftssysteme, ausgenommen alle anderen.

Das Ziel der hier versammelten Beobachtungen und kritischen Analysen besteht also nicht darin, dieses Wirtschaftssystem einseitig zu verteufeln (und damit selbst wiederum ideologisch zu werden), sondern einige der zentralen ökonomistischen Veränderungen zu diagnostizieren, die sich seit den 1970er Jahren weltweit ausgebreitet haben. Nur mit einer solchen differenzierten Diagnose lässt sich beurteilen, wie weit das messende, rechnende, gewinnorientierte Denken tatsächlich vorgedrungen ist und ob diese Dynamik gebremst, korrigiert und um andere Perspektiven ergänzt werden sollte – etwa um die Gesellschaft vor Oligopolen und entfesselten Kapitalmärkten zu schützen oder um nicht-ökonomische Werte wie politische Teilhabe, Chancengerechtigkeit und ökologische Nachhaltigkeit, also einen enkeltauglichen Umgang mit den natürlichen Ressourcen des Planeten, zu stärken. Für eine solche Gesellschaft, deren Zukunft schon begonnen hat, soll der vorliegende Band sowohl kritische als auch konstruktive Perspektiven bieten. Hierfür können zunächst einige Vorüberlegungen helfen.

»The economy, stupid!«, also: »Die Wirtschaft, Dummkopf!«. Hinter dieser flapsigen Bemerkung von James Carville, dem Strategen von Bill Clintons erfolgreicher Kampagne bei der US-Präsidentschaftswahl 1992, verbirgt sich längst nicht mehr nur der Hinweis, dass die wirtschaftliche Lage Wahlen entscheidet. Dass Geld die Welt regiert, haben wir mittlerweile so oft erfahren, dass die meisten bereit sind, es als Naturgesetz hinzunehmen und folglich ihr Denken und Handeln danach auszurichten. Marktwirtschaft kann also nicht nur innovative, kreative oder zivilisierende Kräfte freisetzen, sondern auch entmutigende und beengende. Viele akzeptieren dieses Denken, weil sie hoffen, dadurch selbst reich und einflussreich zu werden, andere, um ihre eigene Lethargie zu rechtfertigen: »Dagegen kann ich als kleiner Mensch sowieso nichts machen.«

Wenn dem allerdings so wäre, hätten unsere Vorfahren nie die Demokratie erkämpft. Diese Staatsform – wir sollten uns daran immer wieder erinnern – weist uns Bürgerinnen und Bürgern die Rolle des Souveräns zu. Staat, Justiz und Wirtschaft sind uns gegenüber zwar nicht weisungsgebunden, aber unserem Wohl verpflichtet. So weit, so idealistisch. In der Realität war dies schon immer ein fragiles Konstrukt, weil eine Gesellschaft weder homogen noch herrschaftsfrei denkbar ist. Umso wichtiger ist es, wer die Regeln des Zusammenlebens definiert und durchzusetzen vermag. Dies ist ein permanenter, im besten Fall fairer und konstruktiver Prozess, in dem niemand unumschränkte Macht erhält, sodass Fehler und Fehlentwicklungen stets korrigiert werden können. Selbstverständlich aber ist dies nicht. Es wird immer Menschen und Gruppen geben, die nach der ganzen Macht greifen wollen, anstatt sie demokratisch zu teilen.

Man kann sich eine solche Gesellschaft als ein gewaltiges Mobile vorstellen, in dem unzählige Spannungen, Kräfteverhältnisse und Widersprüche immer wieder neu austariert werden müssen. Da geht es um Freiheit und Sicherheit, Macht und Kontrolle, Eigennutz und Gemeinwohl, individuelles Erfolgsstreben und solidarisches Teilen. Die Liste kann mühelos verlängert werden. Ist die Balance an einer oder mehreren Stellen vorrübergehend erreicht, geraten andere Bereiche aus dem Lot, weil manche Akteurinnen und Akteure versuchen, diese Balance zu beeinflussen – oft aus legitimen, wenngleich individuellen Motiven, manchmal aber auch in illegitimer Absicht. Zudem können politische oder ökonomische Umwälzungen sowie technologische Innovationsschübe wie derzeit die Digitalisierung ein solches System mit seinen zahlreichen Subsystemen in eine äußerst unübersichtliche, fragile Lage manövrieren. Das sind Zeiten, in denen die Grundsätze unseres Zusammenlebens neu verhandelt und austariert werden müssen. Zeiten wie diese.

Um was es dabei auch geht, lässt sich am Beispiel des Begriffs »Verantwortung« zeigen. Dieser Begriff avanciert zwar erst mit der zweiten Hälfte des 20. Jahrhunderts zum Grundprinzip der westlichen Ethik, schlägt sich jedoch schon zuvor im juristischen Haftungsgrundsatz oder dem Ideal des ehrbaren Kaufmanns nieder (vgl. Bayertz 1995). Für ehrbare Kaufleute – ja, solche gibt es weiterhin – gelten gewisse Grundsätze wie Aufrichtigkeit und Fairness unverändert. Allerdings wirken solche Grundsätze für manche Menschen heutzutage nicht nur deswegen antiquiert, weil anonyme internationale Konzerne längst die Geschicke der wirtschaftlichen Gesamtentwicklung bestimmen, sondern auch deswegen, weil manche dieser Unternehmen noch immer systematisch versuchen, ihrer ethischen wie juristischen Verantwortung auszuweichen. Dabei folgen sie der Logik, dass es Gewinne zu maximieren, die negativen Konsequenzen hingegen zu sozialisieren gelte. Das geschah in der Finanzmarktkrise, das ist so in der Umweltpolitik. Plastisch vor Augen geführt wurde es uns auch beim Dieselskandal, als mehrere Autohersteller lieber eine Betrugssoftware programmieren ließen, die Abgasmessungen fälschte, als sich um Abgasminderung zu bemühen, weil dies länger gedauert und damit Umsätze und Gewinne geschmälert hätte. Persönlich in Haftung genommen wurden die Verantwortlichen bis heute nur bedingt. Dass solche »Vorbilder« nicht nur das Verhalten vieler Menschen im Wirtschaftsleben beeinflussen, sondern auch im alltäglichen sozialen Miteinander, scheint naheliegend.

Wie es anders ginge, erklärt uns der Philosoph Karl Popper sinngemäß so: Wir müssen uns selbst – und niemand sonst – in die Pflicht nehmen und Verantwortung übernehmen. Für uns und unser

Handeln. Und damit nicht zuletzt auch für die Geschichte. Wenn der Einzelne dazu nicht bereit ist, verabschieden wir uns Schritt für Schritt aus der Zivilisation und laden die Barbarei zur Rückkehr ein (Popper 2003). Popper steht damit in einer langen aufklärerischen Tradition von Immanuel Kant bis zu Isiah Berlin, Ralf Dahrendorf oder Norbert Elias, der – knapp zusammengefasst – zu der Erkenntnis kommt: In dem Maße, in dem wir unsere individuelle Freiheit gewinnen, müssen wir äußeren Zwang durch innere Kontrolle ersetzen. Das heißt, wir sind zunehmend zur Selbstverantwortung verpflichtet (Elias 1976). Manche Philosophen wie etwa Hans Jonas gehen angesichts unserer weitreichenden, potenziell sogar vernichtenden technologischen Handlungsmacht noch einen Schritt weiter und stellen fest, dass Verantwortung heute vor allem darin bestehe, uns in konsequenter freiwilliger Selbstbeschränkung zu üben (Jonas 1979).

In Zeiten großer Umbrüche, wie wir sie aktuell erleben, beeinflussen zahlreiche Kräfte und Faktoren die gesellschaftliche Entwicklung. Die Digitalisierung (eine Technologie gewordene Scheinobjektivität) erfasst immer weitere Teile des Lebens und verändert unsere Gewohnheiten grundlegend. Sie begünstigt zudem nicht nur eine wachsende Globalisierung unseres Wirtschaftens, sondern auch einen Kapitalmarkt, der sich nationaler Regulierung entzogen und sich vom Diener des ehrbaren Kaufmanns zu dessen Herrn aufgeschwungen hat. Dies wird dadurch begünstigt, dass die Politik nicht nur das Primat über die Wirtschaft bei der Definition und Durchsetzung von Regeln verliert. In immer mehr Ländern verbündet sie sich mit der Wirtschaft zulasten der Gesellschaft und der Freiheit ihrer Bürgerinnen und Bürger. China ist da nur ein besonders drastisches Beispiel.

Norbert Blüm, Christdemokrat und Minister für Arbeit und Soziales in der Regierungszeit von Helmut Kohl (1982–1998), beschrieb die für ihn sichtbare Gefahr mit der ihm eigenen Direktheit: »Wir haben es mit einer Wirtschaft zu tun, die sich anschickt, totalitär zu werden, weil sie alles unter den Befehl einer ökonomischen Ratio zu zwingen sucht. [...] Aus Marktwirtschaft soll Marktgesellschaft werden. Das ist der neue Imperialismus. Er erobert nicht mehr Gebiete, sondern macht sich auf, Herz und Hirn der Menschen einzunehmen. Sein Besatzungsregime verzichtet auf körperliche Gewalt und besetzt die Zentralen der inneren Steuerung des Menschen« (Blüm 2006, 81).

Wir wollen uns im Folgenden damit beschäftigen, wie Ökonomisierung immer weitere Teile unseres Denkens und Handelns erfasst und verändert. Grundsätzlich lässt sich Ökonomisierung als ein Prozess beschreiben, bei dem sich die Ordnungsprinzipien des Marktes auch auf solche Güter und Praktiken ausbreiten, die bislang nicht (primär) ökonomisch organisiert waren, sondern vielmehr solidarisch oder privat geteilt wurden. Sie werden nun in »Produkte« umgewandelt und über Preise auf Märkten gehandelt (vgl. Boltanski/Chiapello 2003). Im Unterschied zu dieser eher kategorialen Umdeutung bezeichnet der verwandte Begriff der »Kommerzialisierung« eine graduelle Intensivierung der Marktlogik bei solchen Gütern und Praktiken, die ohnehin bereits auf Märkten gehandelt wurden. Gemeinsam ist beiden Prozessen, dass sie der Logik marktwirtschaftlichen Denkens (Effizienz, Verwertbarkeit, Messbarkeit, Gewinnorientierung, Steigerung) folgen. Im Fall der Ökonomisierung bietet es sich zudem an, mehrere Entwicklungsstufen zu unterscheiden. Diese reichen – je nach Unterteilung – von einer ersten Stufe, auf der die Menschen über keinerlei Kostenbewusstsein verfügen und Zahlungsfähigkeit problemlos gegeben ist, bis hinauf zu jenen Sphären, in denen von Menschen erwartet wird, ihr Handeln grundsätzlich marktförmig auszurichten oder sogar Gewinne als einziges Ziel zu verfolgen (vgl. Schimank/Volkmann 2008; Volkmann 2019). Insbesondere um jene letzten beiden Stufen geht es, wenn von »Ökonomisierung« im engeren Sinn die Rede ist. Sie stehen im vorliegenden Band mitsamt ihren Nebenwirkungen und Hintergründen zur Diskussion.

Das wirtschaftliche Handeln in modernen kapitalistischen Ökonomien wird jedoch nicht nur von sozialen und kulturellen Wertvorstellungen strukturiert und gesteuert, sondern auch von verbindlichen Rechtsnormen. Auch hier ließ sich in den vergangenen Jahrzehnten beobachten, dass moralische und soziale Ansprüche gegenüber einer reinen Kosten-Nutzen-Kalkulation in den Hintergrund gedrängt wurden. Wir erleben also einen Paradigmenwechsel, wenn man so will eine »Refeudalisierung der Öffentlichkeit« (Habermas 1962, 233), die der Philosoph und Soziologe Jürgen Habermas schon in den 1960er Jahren mit Blick auf die Entwicklung der Medien diagnostizierte. Der Mensch, der sich seine Freiheit und seine Bürgerrechte über Jahrhunderte erkämpft hat, lässt sich diese zunehmend nehmen und droht dabei, zum bloßen Konsumenten oder manipulierbaren Datenlieferanten degradiert zu werden. Die Gesellschaft wandelt sich in Richtung eines allumfassenden Markts, auf dem sich Menschen vor allem als Vertragspartner mit ausschließlich individuellen Interessen begegnen. Margaret Thatcher, die konservative britische Premierministerin, die ihrem Land eine rigorose neoliberale Politik verordnete, hatte diese Haltung bereits verinnerlicht: »There is no such thing as society« (»Es gibt keine Gesellschaft«).

Nun war und ist eine solche Entwicklung selbst zu ihren Hochzeiten nie bruch- und widerstandslos. Zudem mehren sich seit Jahren die Zeichen, dass soziale und ökologische Fragen sowohl für Individuen als auch für Unternehmen und Staaten wieder an Bedeutung gewinnen und damit zugleich das rigorose Effizienzdenken infrage gestellt wird. Dennoch sind die Beharrungskräfte solcher Denk- und Handlungsmuster mächtig. In unseren Köpfen wie in unseren Institutionen. Doch ebenso gilt: Die ökonomischen Imperative sind menschengemacht und können deshalb von Menschen beeinflusst werden. Sie definieren, welche Regeln in welchem Bereich der Gesellschaft gelten sollen. Das heißt, sie befinden – auch durch Erdulden – letztlich darüber, ob immer mehr Lebensbereiche den Prinzipien der Gewinnorientierung oder sogar Gewinnmaximierung unterworfen werden. Oder ob Solidarität, Fairness, Verantwortung und ökologische Nachhaltigkeit tatsächlich neue bzw. wieder entdeckte Zielvorstellungen unseres Zusammenlebens werden. Eine offene und lebendige Diskussion hierüber ist schon deshalb dringend nötig, weil durch die Globalisierung sehr unterschiedliche Kulturen aufeinandertreffen, das Marktdenken aber sowohl im Verhältnis zu den meisten anderen westlichen Gesellschaften als auch im Verhältnis zu China anschlussfähiger ist als der Sozial- und Kulturstaat deutscher Prägung. Wer seine Werte in eine neue Weltordnung hinüberretten will, wird sich für diese einsetzen müssen. Nicht erst im Detail, sondern bereits im Grundsatz, also im Denken. Denn Gedankengebilde, die zu einer Ideologie mutieren, scheinen in sich stimmig, sie sind immanent kaum noch zu widerlegen. Wenn Rendite oder Effizienz überall und unwidersprochen den globalen Benchmark definieren, können die Argumente für eine solidarische und ökologisch nachhaltige Gesellschaft ins Leere gehen.

In Deutschland mit seiner hart erkämpften sozialstaatlichen Tradition waren Medien, Kultur, Bildung, Gesundheitswesen, Wohnen, Umwelt und Politik nie ganz dem Markt unterworfen, sie waren immer Wirtschafts- und Kulturgüter zugleich. Das Marktdenken wurde in diesen Bereichen jedoch über lange Zeit handlungsbestimmender – und wird es teils noch heute. Dies kann im Einzelfall sinnvoll und gut begründbar sein; es sollte jedoch selbst dann nicht einfach geschehen, sondern von der Mehrheit der Gesellschaft bewusst reflektiert und aktiv gewollt werden, nicht nur von Einzelnen und ihren Gewinninteressen.

Plastisch lässt sich diese ökonomische Entgrenzung am Beispiel der Medizin verdeutlichen. Galt es im Mittelalter noch als Frevel, einen toten Menschen überhaupt zu öffnen, um Kenntnisse über sein Innenleben zu erlangen, besteht heute die Tendenz, den toten Menschen als Ersatzteillager für dringend benötigte Spenderorgane zu nutzen. Aber finden wir es auch gut, dass Krankenhäuser und Pflegeheime, früher oft unter der Trägerschaft von Kommunen oder mildtätigen Stiftungen, heute immer öfter von privatwirtschaftlichen, teils sogar börsennotierten Unternehmen als lukrative Investments mit hohen Gewinnversprechen geführt werden? Entsprechend hoch ist dann der Druck, effizient zu arbeiten. Menschliche Werte wie Empathie und Zuwendung können da wirtschaftliche Unternehmensziele gefährden.

Ähnlich ist die Entwicklung im Bereich der Daseinsvorsorge. Post und Telekomunikation waren lange Zeit – zumindest in Europa – Sache des Staates, ebenso Infrastruktur wie die Bahn oder die Netze für Strom, Gas und Wasser. Dass Telekommunikationsanbieter heute

Privatunternehmen sind, daran haben wir uns gewöhnt. Diese verdienen gut, was kaum jemanden stört, solange ihre Dienstleistungen nicht teurer werden. Aber wenn es mit dem Ausbau des schnellen Internets nicht rasch genug vorangeht, rufen wir nach dem Staat. Auch dann, wenn der ländliche Raum von den Privatunternehmen großflächig als unrentabel ignoriert wird (was freilich in der ökonomischen Logik rational ist). Ähnlich ist es bei der Bahn, die zwar weiterhin ein Staatsunternehmen ist, aber längst renditeorientiert geführt wird und sich z. B. aus der Fläche zurückzieht.

Spätestens beim Wasser hört jedoch für die meisten der Spaß auf. Ohne Wasser kann kein Mensch leben. Dennoch werden mit Wasser weltweit lukrative Geschäfte gemacht, während weiterhin viele Menschen keinen Zugang zu sauberem Wasser haben. Marktgläubige plädieren dafür, die Wasserversorgung gänzlich zu privatisieren. Was dann geschieht, zeigt sich in einigen afrikanischen und asiatischen Ländern, in denen es Menschen in manchen Gebieten immer schwerer fällt, an sauberes Trinkwasser zu kommen, weil private Unternehmen lukrative Nutzungsrechte für besonders ergiebige Quellen erwerben und dann das Wasser zu Preisen verkaufen, die für die ärmere lokale Bevölkerung kaum mehr erschwinglich sind. Ein Beispiel für die gegenteilige, wenngleich ebenfalls problematische Auswirkung ökonomischer Maximen bildet die Stadt London. Hier verschleppte das ehemals staatliche, von Margaret Thatcher privatisierte Wasserversorgungsunternehmen *Thames Water* über Jahre hinweg die kostspieligen Reparaturen zahlreicher Leckagen, sodass dort heute etwa 3,17 Milliarden Liter Trinkwasser im Erdboden versickern – pro Tag.

In der Landwirtschaft zeigt sich die Kehrseite der Ökonomisierung allerorten, etwa an Patenten auf Saatgut. Vor allem dann, wenn es gelingt, alte, von den Landwirten selbst reproduzierbare Pflanzen vom Markt zu verdrängen und Landwirte von Saatgut und der dafür nötigen Düngung abhängig zu machen. Beides muss dann von einem Unternehmen bezogen werden, das die Preise diktieren kann.

Auch im Bildungswesen hat sich der ökonomische Paradigmenwechsel eindrucksvoll niedergeschlagen. Wenn sich der Wert des Menschen primär an seiner Leistungs- und Konsumfähigkeit bemisst, sollte in Schulen und Universitäten vor allem verwertbares Wissen mitsamt einem bunten Strauß an arbeitsmarkttauglichen »Kompetenzen« erworben werden. So aber verliert Bildung schleichend ihre Bedeutung als Bürgerrecht. In diese Linie passt die Ökonomisierung der Hochschullandschaft mit ihrer Ausrichtung auf permanenten Wettbewerb um Drittmittel, Ranking-Positionen und Exzellenz-Orden ebenso wie die Diskussion um das acht- oder neunjährige Gymnasium. G8 sowie der Bologna-Prozess mit seinen Bachelor- und Masterabschlüssen wurde vor allem von der Wirtschaft gefördert, um junge Menschen rascher ins Berufsleben zu bringen und zielgenauer auf den Arbeitsmarkt vorzubereiten. Mit dem Ergebnis ist kaum jemand zufrieden, auch weil im Tauziehen zwischen den bildungspolitischen und ökonomischen Kräften der Lehrplan überfrachtet wurde (überfrachtet werden musste?). Weitere Nebenwirkungen sind zu besichtigen: Handwerksberufe wurden unattraktiver, werden aber eher mehr gebraucht. Und wer kann, schließt dem Bachelor einen Master an, um sich mehr Entwicklungsmöglichkeiten offenzulassen und das eigene Verwertungspotenzial zu steigern. Dass die Ökonomisierung unseres Denkens und Handelns mit einer erstaunlichen Unkenntnis breiter Bevölkerungsschichten über ökonomische Zusammenhänge einhergeht, ist nur scheinbar ein Widerspruch. Schlecht Gebildete waren schon immer leichter zu (ver-)führen als aufgeklärte, kritisch nachfragende Geister.

Auch der Paradigmenwechsel in der Medienlandschaft verläuft tendenziell vom Bürger zum Konsumenten. Wichtig für die Qualität der Dienstleistung von Journalistinnen und Journalisten ist heute weniger, was eine Bürgerin oder ein Bürger wissen sollte, um sich ein fundiertes Urteil über öffentliche Sachverhalte zu bilden und die eigene Rolle als Souverän verantwortungsvoll auszufüllen; vielmehr zählt, was gefällt und daher zu erhöhter Nachfrage führt, insbesondere zu vielen »Klicks« und »Likes« im Online-Journalismus. Damit wird eine Zeitung für diejenigen Unternehmen interessanter, die hier ihre Anzeigen- und Werbeflächen buchen. Der recherchierende Blick von Journalistinnen und Journalisten, eigentlich Dienstleister der Bürgergesellschaft, schwenkt so tendenziell von den politisch relevanten Themen zu den spontanen Interessen und Launen der Konsumenten, die es zu fesseln gilt.

Dass sich hier auf beiden Seiten nicht nur Rollen, sondern auch Erwartungen verschieben, zeigt sich besonders in der Politik. Der Bürger als Souverän wird zunehmend unduldsam, weil »die Politik« allfällige Probleme nicht so effektiv zu lösen vermag wie es Unternehmen angeblich tun. Dass wir in unserer Rolle als Bürgerinnen und Bürger über unveräußerliche Rechte verfügen, die sich aus dem ersten Satz unserer Verfassung, dem Würde-Grundsatz im Grundgesetz, ableiten, und daher beispielsweise kein Bürger aus dem Staat entlassen werden kann wie ein Mitarbeiter aus einem Unternehmen, wird dabei gelegentlich übersehen. Häufiger noch wird übersehen, dass unter Politikerinnen und Politikern dieselben unterschiedlichen Interessen versammelt sind wie in der Gesellschaft und folglich auch hier niemand über absolutes Wissen und absolute Macht verfügt (verfügen soll!). Umso verführerischer glänzt für manche Digital-Apologeten folglich die Verheißung, dass Algorithmen bald in der Lage sein könnten, der Politik den richtigen Weg zu weisen: evidenzbasierte Politik eben. Aber wer programmiert wie die Algorithmen? Die *Schöne neue Welt* des Schriftstellers Aldous Huxley lässt grüßen.

Viele politische Entscheidungsträgerinnen und -träger haben derartige Erwartungshaltungen und die damit notwendig verbundenen Enttäuschungen allerdings auch selbst bestärkt. Etwa, indem sie notorisch den Eindruck vermittelt haben, »gute Politik« bemesse sich primär oder gar allein an der Senkung der Arbeitslosenzahlen oder der Steigerung des Bruttoinlandsprodukts, also an wachstumsorientierter Wirtschaftspolitik. Oder indem sie zu wenig dagegen unternommen haben, dass die Einkommen im oberen Zehntel der Bevölkerung in den letzten 30 Jahren um 30 % gestiegen sind, während sie im unteren Zehntel um 10 % gesunken sind. So besitzen heute 45 Deutsche so viel wie die gesamte ärmere Hälfte der Bevölkerung zusammen. Es wurde also eine Umverteilung von unten nach oben geduldet, von der inzwischen die Hälfte des Mittelstands betroffen ist. Viele Menschen haben daher nicht nur berechtigte Abstiegsängste, sondern neigen auch populistischen Parteien zu. Damit lässt eine forcierte Marktwirtschaft, wie wir sie in den vergangenen Jahrzehnten erlebt haben, die bürgerliche Mitte der Gesellschaft erodieren und gefährdet eine liberale Gesellschaft sowie schließlich die Fundamente des Rechtsstaats.

Dass es überdies die Tendenz gibt, selbst die Kultur auf ein Konsumgut zu reduzieren, haben schon Max Horkheimer und Theodor W. Adorno in ihrer *Dialektik der Aufklärung* analysiert. Gehörte für Karl Marx die Kultur noch zum Überbau, auch wenn sie Ausdruck der Interessen der herrschenden Klasse war, so war die Entstehung der Kulturindustrie, wie sie sich zunächst in Hollywood ausbildete, für Adorno die Umwandlung der Kultur selbst in eine Ware. Noch sauberer getrennt waren zu seiner Zeit Kultur und Technologie. Die Digitalisierung ermöglicht heute jedoch eine Annäherung von Ökonomie, Technik, Unterhaltung und Telekommunikation zu einer kaum mehr differenzierbaren Gemengelage. Das Ergebnis ist eine Lizenz zum Gelddrucken. Hier gilt der Dreiklang: Privatisierung, Kommerzialisierung, Eventisierung.

Andererseits: Kultur war schon immer besonders auf die Gunst des Geldes angewiesen. Herrscher hielten sich von alters her ihre Hofnarren und Sänger zur Demonstration ihres Reichtums und Einflusses; Kirchen und Paläste waren lukrative Orte für Künstler, Schauspieler, Musiker und Komponisten. Zwar gab es stets aufklärerische, revolutionäre Kunst und Kultur, doch die Demokratisierung kam erst spät und nur bedingt voran. Heute ist Kultur als »weicher Standortfaktor« längst fester Bestandteil der Selbstvermarktung von Städten und Bundesländern. Auf der anderen Seite stehen die Anstrengungen der Kulturpolitik, steht die Rolle der Kultur als »ethisch-moralische Daseinsvorsorge« (Oehm 2016). Öffentlich-rechtliche Orchester und Theater können mit einer Selbstfinanzierungsquote von unter 20 % dank staatlicher Unterstützung blühen, müssen aber bei jeder Krise der öffentlichen Haushalte bangen. Staatliche Sammlungen, Museen und Schlösser hegen und pflegen das Erbe der Geschichte und ermöglichen neue Werke als Hinterlassenschaft an die Nachfahren. Aber ein wenig stellt sich auch hier der

Verdacht ein, diese Politik diene nicht primär aufklärerischen Zielen, sondern folge der Erkenntnis: Der Mensch lebt nicht vom Brot allein, es müssen Brot und Spiele sein. Was hierbei schwindet, sind die gesellschaftlichen Räume für offene kollektive Selbstverständigung und für das Spiel mit (vermeintlicher) Nutzlosigkeit, Dysfunktionalität, Missverständnissen, Fehlern und Provokationen.

Vor allem aber – und oft zuallererst – kolonialisieren ökonomische Denkfiguren und Imperative unser Selbstverhältnis und unser Menschenbild, also diejenige Weise, in der wir uns selbst in die Welt gestellt sehen. Wenn dies geschieht, neigen wir immer stärker dazu, unsere eigenen Anlagen und Fähigkeiten permanent messen, steigern, optimieren und ökonomisch verwerten zu wollen. So wird ein Tag zu einer bloßen Summe von gezählten Schritten und Herzfrequenzspitzen, werden die einzelnen Lebensphasen zur bloßen Summe von erfolgreich gemanagten Projekten, und das Leben selbst zu einem permanenten »business case« in eigener Sache.

Auch dieser Zwiespalt macht einmal mehr deutlich, worum es beim Nachdenken über die Ökonomisierung unseres Denkens und dessen Folgen letztlich geht. Es geht um die Frage, ob wir in einer allerorts *markttauglich gemachten Gesellschaft* leben wollen – oder ob wir eine *menschenzentrierte Gesellschaft* anstreben, auf die hin das Marktgeschehen domestiziert und begrenzt wird.

Dieses Buch kann nicht einmal annähernd alle historischen und systematischen Aspekte dieses weit verzweigten Themas untersuchen. Die Autorinnen und Autoren haben aus ihren unterschiedlichen wissenschaftlichen Disziplinen und Forschungsfeldern daher jeweils einen Aspekt ausgesucht, der Ökonomisierungstendenzen in so grundlegenden Bereichen wie dem digitalisierten Marktgeschehen, der Natur, dem Gesundheits- und Bildungswesen, der medialen Öffentlichkeit, dem Wohnen und unserem Selbstverhältnis exemplarisch beleuchtet. In Gänze ergibt sich so eine Sammlung, die verdeutlicht, wie schillernd, vielschichtig und oft auch unscharf der Begriff der »Ökonomisierung« ist, die jedoch zugleich erahnen lässt, vor welchen Herausforderungen wir als Gesellschaft im klugen Umgang mit dieser Dynamik stehen. Mögliche Lösungsideen werden herausgearbeitet und zur Diskussion gestellt – nicht als fertige Konzepte, sondern als hoffentlich allgemeinverständliche, anregende Perspektiven für eine breite und fundierte Diskussion. Bei dieser dürfen wir alle dem Motto folgen: Es darf nicht nur die Wirtschaft sein, Dummkopf.

Literatur

Bayertz, Kurt (1995): Eine kurze Geschichte der Herkunft der Verantwortung. In: Ders. (Hrsg.), Verantwortung: Prinzip oder Problem? Darmstadt: WBG, S. 3–71

Blüm, Norbert (2006): Gerechtigkeit, Eine Kritik des Homo oeconomicus. Freiburg i. Br.: Herder

Boltanski, Luc/Chiapello, Ève (2003): Der neue Geist des Kapitalismus. Konstanz: UVK

Dahrendorf, Ralf (1965): Bildung ist Bürgerrecht. Hamburg: Nannen

Elias, Norbert (1976): Über den Prozess der Zivilisation. Frankfurt a. M.: Suhrkamp

Habermas, Jürgen (1962): Strukturwandel der Öffentlichkeit, Untersuchungen zu einer Kategorie der bürgerlichen Gesellschaft. Neuwied/Berlin: Luchterhand

Jonas, Hans (1979): Das Prinzip Verantwortung. Versuch einer Ethik für die technologische Zivilisation. Frankfurt a. M.: Suhrkamp

Mannheim, Karl (2015): Ideologie und Utopie. Frankfurt a. M.: Klostermann (Erstausgabe: Bonn 1929)

Oehm, Stefan (2016): Kunst ist das Herz der Demokratie. In: Der Freitag, 29.11.2016

Popper, Karl (2003): Die offene Gesellschaft und ihre Feinde. Tübingen: Mohr Siebeck

Schimank, Uwe/Volkmann, Ute (2008): Ökonomisierung der Gesellschaft. In: Maurer, Andrea (Hrsg.), Handbuch der Wirtschaftssoziologie. Wiesbaden: Springer, S. 382–393

Volkmann, Ute (2019): Gesellschaftliche Ökonomisierung und die Gegenkräfte. In: Graf, Rüdiger (Hrsg.), Ökonomisierung. Debatten und Praktiken in der Zeitgeschichte. Göttingen: Wallstein, S. 29–54

Die Privatisierung des Marktes und das Ende des Neoliberalismus

Philipp Staab

Unter dem Dachbegriff des *digitalen Kapitalismus* thematisieren wir nun schon seit einigen Jahren eine offenbar immer größer werdende Zahl von Phänomenen. Datenkraken wie Google sollen ebenso dazugehören wie selbstfahrende Autos, Ecommerce-Plattformen, Mobilfunknetze, Waschmaschinen mit Internetanschluss und vernetzte Produktionsanlagen. Was diese Phänomene genau miteinander zu tun haben, ist dabei nicht mehr so leicht auszumachen. Die naheliegende Antwort lautet: Sie basieren allesamt, zumindest teilweise, auf *digitalen* Basistechnologien und es handelt sich zudem in allen Fällen um Dinge, die in *kapitalistische* Verwertungsprozesse integriert sind. »Digital« plus »Kapitalismus« macht »Digitaler Kapitalismus«!

Diese Logik lässt sich noch weiterspinnen: Der Kapitalismus ist bekanntlich expansiv. Er versucht sich immer neue Bereiche der Gesellschaft, ja sogar individueller Subjektivität einzuverleiben. Dies tut er neuerdings verstärkt unter Zuhilfenahme digitaler Technologien. So kommt man recht schnell vom digitalen Kapitalismus der E-Commerce-Plattformen, Haushaltsroboter und vernetzten Produktionsmaschinen zu jenem der Smart Cities, der Social-Media-Sucht, der gnadenlosen Inszenierung des Selbst (Selfies!) und der manipulativen Wahlwerbung. Der Begriff »digitaler Kapitalismus« entgrenzt sich zu einer Metapher, die im Grunde nur noch dazu dient, einen Zusammenhang zu suggerieren, den man empirisch nicht so recht ausweisen kann.

So gefasst dient der Begriff also weniger der analytischen Klarheit als der Herstellung einer politischen Debatte, die er durch den zunächst einmal *behaupteten* Zusammenhang ermöglicht. Das ist gar nicht wenig und auch nicht sinnlos. Es tut schließlich Not, darauf zu bestehen, dass wir nach wie vor über Technologieentwicklung nicht ergebnisoffen, sondern im Kontext einer sehr spezifischen Form von Ökonomie sprechen. Die Frage »Welche Digitalisierung wollen wir?« ist im Rahmen des realexistierenden Kapitalismus schließlich im Grunde immer schon beantwortet. Von digitalem Kapitalismus zu sprechen (statt zum Beispiel nur von »Digitalisierung«), transportiert damit automatisch die Kritik an der Begrenzung unserer Zukunft und das Einklagen alternativer Pfade.

Den analytischen Hunger stillt diese Lesart jedoch nicht. Offen bleibt die Frage, worin sich das Ganze nun eigentlich von anderen Varianten des Kapitalismus (dem industriellen, kognitiven, ästhetischen, kybernetischen ...) unterscheiden soll oder anders gesagt: ob wir es tatsächlich mit einer neuen Stufe kapitalistischer Entwicklung zu tun haben. Die Chancen, dass man richtigliegt, wenn man diese Frage verneint, stehen relativ gut. Schließlich überwiegen in jeder bisher bekannten kapitalistischen Formation die Gemeinsamkeiten die Unterschiede – sonst wäre das Substantiv ja nicht stabil, während die Adjektive variabel sind.

Dennoch will ich in groben Zügen zwei mögliche Antworten skizzieren, die unterschiedliche Thesen über den analytischen Kern des digitalen Kapitalismus formulieren. Statt ihre Theorien ausgehend von einem diffusen Set an Technologieanwendungen zu entwickeln, bestehen beide Ansätze auf die basale Bedeutung des *kommerziellen Internets* für eine Theorie des digitalen Kapitalismus. Hier hat sich, diesen Positionen zufolge, in den vergangenen 20 Jahren ein spezifischer Wirtschaftsraum entwickelt, der zum einen eigenen Regeln folgt und zum anderen im Begriff ist, sich immer neue Bereiche der Ökonomie zu unterwerfen. Was ist also der Kern dieser neuen Regeln, die sich im kommerziellen Internet entwickelt haben?

Ökonomie der Daten – Imperativ der Überwachung

Eine mögliche Antwort auf diese Frage liefert Shoshana Zuboff in ihrem opulenten Werk »Das Zeitalter des Überwachungskapitalismus« (2019). Sie lautet: Es geht um die Daten! Daten sind zunächst einmal das Nebenprodukt digitaler Kommunikation. Wann immer wir uns austauschen, hinterlassen wir Spuren, die einigen Unternehmen als eigene Profitquelle dienen. Die Leitfirmen dieser Entwicklung sind bekanntlich die Giganten der Online-Werbung, Google und Facebook. Das gesamte kommerzielle Internet lässt sich Zuboff zufolge als gewaltiger Überwachungsapparat verstehen.

Auch viele andere Autoren argumentieren auf Basis dieser Prämisse, die im Grunde die Selbstbeschreibung von Firmen wie Google oder Facebook erst übernimmt und dann kritisiert. Zuboff hat sie freilich zu einer besonders umfassenden These über die Veränderung des Kapitalismus erweitert. Ihrer Darstellung nach wurde das eigentlich Ausschussprodukt Daten im Laufe der Nullerjahre – zunächst von Google und Facebook – als der eigentlich profitable Rohstoff des kommerziellen Internets entdeckt. Statt das eigene Produkt wie ein solches zu behandeln und es beispielweise in Portionen oder über Nutzerlizenzen zu verkaufen, habe man den Sekundärwert personenbezogener Daten erkannt. Auf ihrer Basis lassen sich detaillierte Profile einzelner Personen erstellen und über den Umweg der Werbung zu Geld machen. Die Extraktion des Rohstoffs Daten erfolgt durch eine umfassende Praxis der Überwachung. Da Kapitalimperative wirken, muss diese Extraktionsmaschinerie zudem stetig expandieren.

Zuboff zufolge haben in den letzten Jahren immer mehr Unternehmen begonnen, ihre Wertschöpfung auf Überwachungsprofite auszurichten, weshalb sie von einem schnellen Vormarsch des Überwachungskapitalismus ausgeht. Smarte Waschmaschinen, E-Commerce-Plattformen oder Haushaltsroboter sind in diesem Bild Teil des digitalen Kapitalismus, weil sie die Aneignung von Daten durch überwachungskapitalistische Konzerne ermöglichen. Das Neue am digitalen Kapitalismus sei der Aufstieg einer wirtschaftlichen Logik, die nicht auf das ressourceneffiziente Herstellen von Dingen gerichtet ist, sondern auf die Vermessung, Beeinflussung und letztlich Steuerung unseres Verhaltens.

Proprietäre Märkte als Strategie und Praxis

Aus einer anderen Perspektive erscheint eher interessant, in welches größere *wirtschaftliche* Projekt diese Datenökonomie eingelassen ist – schließlich kann eine Volkswirtschaft nicht nur aus Onlinewerbung bestehen. Meine Antwort auf diese Frage lautet, dass wir es mit einem Projekt zum Aufbau proprietärer Märkte zu tun haben. Die Vorstufe solcher Märkte in Privatbesitz sind die Plattformunternehmen des kommerziellen Internets, die sich vielerorts als Handelsmonopole für bestimmte Dienstleistungen etabliert haben, etwa bei Taxifahrten, Musik- und Videostreaming oder Essenslieferungen. Diese Privatmärkte sind eingelassen in die sozio-technischen Ökosysteme einer kleinen Zahl von Unternehmen, unter denen Google, Apple, Amazon und Facebook die potentesten sind. Über die Bindung unserer Aufmerksamkeit kontrollieren diese Konzerne in zunehmendem Maße, was wir überhaupt wahrnehmen. Diese Machtposition gleicht einer Goldgrube, weil auf immer kompetitiveren Verbrauchermärkten nur diejenigen etwas verkaufen können, die Wahrnehmung für ihre Produkte erzeugen können. Die überwachungskapitalistische Werbung ist nur ein Mittel zur Kontrolle dieser Wahrnehmung. In dieser Lesart speisen sich die Profite der marktgleichen Leitunternehmen aus unterschiedlichen Gebühren, die sie (auch in der Form von Werbeeinnahmen) für ihre Vermittler- oder besser gesagt Marktfunktion erheben.

Die Leitunternehmen des kommerziellen Internets agieren also, so die zugespitzte These, nicht wirklich auf Märkten, deren Preisbildungsmechanismen sie beispielsweise verzerren könnten. Sie sind diese Märkte. Das heißt: Nicht ein abstrakter Marktzwang oder eine Internalisierung von Konkurrenzdenken ist hier primärer Treibstoff der Ökonomisierung. Vielmehr wird die Marktfunktion selbst privatisiert, um in den Dienst einzelner Kapitalinteressen gestellt zu werden.

Durch die stetige Expansion des eigenen Produkt- und Dienstleistungsportfolios und die Kontrolle der Distributionskanäle für die Produkte einer stetig steigenden Zahl externer Anbieter erweitern die Privatmärkte des kommerziellen Internets permanent ihr Angebot. Auf der Nachfrageseite des Marktes, also bei den Konsument:innen, setzen sie zudem auf unterschiedliche Lock-in-Strategien: Zum einen werden die eigenen Systeme fortlaufend auf maximalen Komfort hin optimiert, um das Bedürfnis, in ein anderes System zu wechseln, zu reduzieren. Zum anderen macht man es den User:innen so schwer wie möglich, bestimmte Dienste außerhalb des eigenen Ökosystems zu nutzen.

Nehmen wir Zuboffs Lieblingsfeind Alphabet (Google): An der Unternehmensgeschichte kann man ablesen, dass Google auf eine immer größere Varianz innerhalb seines Angebots gesetzt hat, um

User:innen in das eigene Netzwerk zu integrieren: Zur Suchmaschine kamen – auch durch Firmenkäufe – der Kartendienst (Maps), das Gratis-Emailkonto (Gmail), das soziale Netzwerk (Google+; mittlerweile wieder eingestellt), der Cloud-Speicher (Drive) und zahlreiche weitere Anwendungen hinzu. In letzter Zeit ist Google zudem zu einer wichtigen Figur im Bereich der Unternehmenssoftware sowie im Bereich der schulischen Bildung geworden. Der entscheidende Meilenstein für Googles Ökosystem war wohl der Kauf von Android Inc. (2005) und die Präsentation des ersten Android-Betriebssystems für Mobilgeräte (2008) sowie des zugehörigen App-Stores. Bei Smartphones hat Android heute einen globalen Marktanteil von rund 80 %. Betriebssystem und App-Store dienen als Basis diverser hauseigener Dienstleistungen, aber auch als Ort, an dem eine ständig wachsense Zahl von Drittanbietern eigene Produkte einstellt. Hier kommen Produzenten und Konsument:innen zusammen. Es handelt sich um einen Markt mit stetig und systematisch wachsendem Angebot.

Im Vergleich zu klassischen Produzentenmonopolen, denen man in der Wirtschaftstheorie vor allem eine *verbraucher*schädliche Preiskontrolle unterstellt, materialisiert sich die Macht des Marktbesitzes in vier unterscheidbaren Formen der Kontrolle: Informationskontrolle durch Überwachung, auf die Zuboff abhebt, ist dabei nur der erste Schritt, der nebenbei keineswegs nur auf Konsument:innen, sondern auch auf die Produzierenden zielt. Sie ermöglicht drei weitere Formen der Kontrolle: von Zugängen, von Preisen und von Leistungen. Auf Seite der Produzierenden können sich Plattformunternehmen entscheiden, welcher Konkurrenz sie die Tür öffnen bzw. verschließen wollen – auf der Konsument:innenseite können sie kontrollieren, wer welche Angebote zu welchen Preisen zu sehen bekommt (Zugangskontrolle). Dies eröffnet nicht nur ein eigenes Geschäftsfeld, die algorithmische Preissetzung, sondern es ermöglicht den Plattformen zugleich eine lukrative Strategie der Preiskontrolle. Diese Strategie wird – anders als in der Monopoltheorie erwartet – bisher vornehmlich zu Gunsten, nicht zu Lasten der Konsument:innen eingesetzt: Durch ihre Macht über die Angebotsseite wird es den Marktbesitzern nämlich möglich, die Konkurrenz zwischen den

Marktteilnehmern zum Nutzen der eigenen Profite zu optimieren. So haben die Plattformbetreiber beispielsweise die Möglichkeit, das Angebot strategisch zu erweitern, um die Preise für Konsument:innen zu senken (und damit die Umsätze zu steigern).

Das Profitmodell proprietärer Märkte ist die Besteuerung des Handels. Die Quantität des Warenumschlags scheint dabei wichtiger als die Höhe der jeweiligen Handelspreise. Die Plattformbetreiber können außerdem – und sie tun dies tatsächlich – die von ihnen kontrollierten Marktinformationen und Zugänge nutzen, um eigene Angebote zu lancieren und systematisch zu bevorzugen – ein Vorwurf, der von verschiedenen Firmen seit geraumer Zeit gegen Amazon gerichtet wird. Auch Google steht hierfür in der Kritik und kassierte auch bereits Strafen der EU für Selbstbevorzugung auf seinem Dienst *Shopping*. Auch in der Reisebranche befürchten verschiedene Vermittlungsplattformen vom Markt gefegt zu werden, sollte Google hier seinen eigenen Dienst *Trips* stärken. Schließlich macht die Bündelung von Kontrollmacht eine vierte Strategie möglich: Leistungskontrolle, also die Fähigkeit der Marktbesitzer, den Produzierenden die Bedingungen der Leistungserbringung bis ins Detail zu diktieren. Ein besonders sichtbares Werkzeug sind dabei die auf Plattformen systematisch eingesetzten Kaufbewertungen, die von den Betreibern nach eigenen Kriterien gestaltet werden können, um die Qualität einer Dienstleistung zu messen und die Disziplin der Produzentenseite zu erzwingen.

Infrastrukturoffensiven

Auf die eine oder andere Weise trifft die Logik proprietärer Märkte auf alle Konzerne des Gafa-Komplexes (Google, Apple, Facebook und Amazon) zu, ohne dass einer von ihnen gänzlich auf dieses Modell reduziert werden könnte. Facebook ist zuvorderst ein soziales Netzwerk – aber es ist eben auch zu einer Art Markt für Informationen geworden, über den die Mehrheit der Menschen Nachrichten bezieht. Texte werden heute nach den durch Facebook definierten Standards produziert, weil für Medienproduzenten die dort gebündelte Aufmerksamkeit unerlässlich ist. Amazon verdient zwar auch exorbitante Summen mit seiner Cloud-Sparte Amazon Web Services, stellt aber zugleich dasjenige Gafa-Unternehmen dar, in dem über die eigene Handelsplattform die Logik der Kapitalisierung durch Marktbesitz am stärksten realisiert ist und nach wie vor am nachdrücklichsten verfolgt wird. Die Firma steht dabei für den Versuch, das Modell proprietärer Märkte aus dem enger gefassten Bereich des kommerziellen Internets in die Welt der materiellen Dinge zu übersetzen. Amazon muss entsprechend mit wesentlich höheren Fixkosten kalkulieren, was erklärt, weshalb das Unternehmen – besser gesagt: seine E-Commerce-Sparte – eine deutlich niedrigere Profitrate aufweist als Google, Apple und Facebook. Apple weist auf den ersten Blick noch am ehesten Ähnlichkeiten mit herkömmlichen Produzenten auf, da es den überwiegenden Teil seiner Gewinne mit dem Verkauf von Endgeräten erwirtschaftet. Allerdings war Apple mit dem iPod und dem angebundenen iTunes-Store auch der Pionier des beschriebenen Profitmodells und der App-Store ist nicht nur der Inbegriff eines umfassenden proprietären Markts, sondern auch eine schnell wachsende und immer wichtiger werdende Profitquelle.

Auch an der Investitions- und Akquisitionspolitik der Leitunternehmen in den letzten Jahren lässt sich das Ziel der Unternehmen ablesen, gleich einem Markt zu agieren. Die Konzerne haben vor allem in Finanztechnologie (»Fintech«), Cloud-Dienstleistungen und künstliche Intelligenz investiert – allesamt Infrastrukturelemente proprietärer Märkte. Fintech-Anwendungen, insbesondere proprietäre Bezahlsysteme, runden beispielsweise das Profil der einzelnen Märkte an der Schnittstelle zu den Konsument:innen ab. Sie ermöglichen einerseits die Kontrolle der Zahlungsflüsse, andererseits die Entwicklung neuer Sekundärprodukte mithilfe der auflaufenden Daten, etwa Bonitätsratings oder Konsumkredite. Damit generieren die Marktbesitzer nicht nur neue Einnahmequellen, sondern erweitern zudem das eigene Produktportfolio. Als Vorbilder für diese Strategie können die chinesischen Leitunternehmen Alibaba und Tencent gelten, die über eine ganze Phalanx von Fintech-Unternehmungen verfügen. Das berühmteste Element der proprietären Finanzkomplexe dieser Konzerne sind die Bezahlsysteme Alipay und WeChat Pay: Ersteres verfügte Anfang 2019 über die sagenhafte Zahl von einer Milliarde registrierten User:innen, letzteres versammelte über 900 Millionen nachweislich aktive Nutzer:innen. Als Duopol kontrollieren Alipay und WeChat Pay den chinesischen Markt für Mobile-Payments so gut wie vollständig. Die Kontrolle der Zahlungsflüsse durch proprietäre Systeme bietet den Plattformen zwei entscheidende Vorteile: Erstens erheben sie Transaktionsgebühren, was die Profite steigert. Zweitens werden Konsument:innen, vor allem aber Händler:innen und Produzierende über die Bezahlsysteme unmittelbar in die proprietären Märkte integriert.

Cloud-Anwendungen sind ein weiteres zentrales Infrastrukturelement. Sie ermöglichen die fortschreitende Integration des jeweiligen Produkt- und Dienstleistungsportfolios durch die Sicherung und Expansion von Informationskontrolle. In den Rechenzentren der Leitunternehmen werden sämtliche marktrelevanten Daten der Nutzer:innen gespeichert und verwertet. Kein digitales Ökosystem funktioniert heute ohne diese im Hintergrund laufende Infrastruktur. Dass immer mehr Unternehmen, aber auch staatliche und andere Institutionen auf sie angewiesen sind, zeigt sich etwa am schier unglaublichen Bedeutungszuwachs des führenden Cloud-Anbieters Amazon Web Services (AWS), der derzeit einen Anteil von über 30 % am globalen Cloud-Markt hält (andere Leitunternehmen wie Microsoft, Google und Alibaba folgen auf den Plätzen). Die Liste der Unternehmen und Organisationen, die AWS nutzen, verdeutlicht, wie zentral die Amazon-Cloud für die digitale Weltinfrastruktur ist. Laut Amazon zählen zu den über eine Million Anwendern nicht nur prominente »Old Economy«-Unternehmen wie Kelloggs, Unilever, Volkswagen und BMW, sondern auch die Nasa, die Uno oder das US-Verteidigungsministerium.

Insbesondere für andere Digitalunternehmen ist AWS heute überlebenswichtig. Zu den Kunden aus diesem Feld zählen das deutsche

Unternehmenssoftware-Powerhouse SAP, die Flatsharing-Plattform Airbnb und der Videostreaming-Dienst Netflix, der seinen gesamten Traffic über AWS abwickelt. Wie bedeutend die private Infrastruktur von Amazon mittlerweile für das gesamte kommerzielle Internet ist, wurde den US-Bürgern am 8. Februar 2017 deutlich, als Services wie Netflix, Spotify, Tinder, Dropbox und Tausende andere für ihre Nutzer:innen vier Stunden lang nicht erreichbar waren. Was war passiert? Ein AWS-Mitarbeiter hatte sich »vertippt« und aus Versehen mehr Server offline genommen als geplant. Seither spricht man von diesem Datum als jenem Tag, an dem »das Internet offline ging« – genauso richtig wäre es zu sagen, dass für vier Stunden ein Großteil des Marktes verschwand.

Auch das Zauberwort »künstliche Intelligenz« (KI) wird ein Stück greifbarer, wenn man sich deren Verwendung durch die Leitunternehmen des digitalen Kapitalismus ansieht. Der Begriff »KI« ist heute im öffentlichen Diskurs mit zwei unterschiedlich umfassenden Bedeutungen anzutreffen: erstens als Metapher für die fortschreitende Vernetzung von Dingen und Prozessen durch Algorithmen, wodurch beinahe jede Programmiertätigkeit irgendwie zu diesem Komplex gehört; zweitens spricht man in einem engeren Sinne von KI, wo es um Prozesse des maschinellen Lernens geht. Mit maschinellem Lernen ist gemeint, dass Algorithmen relativ selbstständig große Datensätze (Big Data) nach Mustern (Korrelationen) durchsuchen und aus den Ergebnissen Handlungsimplikationen ableiten. Big Data bildet die notwendige Basis dieser Technologie und die Herrscher über die großen Datensätze sind die Leitunternehmen im Bereich KI. Entsprechend hat die öffentliche Beunruhigung über KI viel mit dem Szenario zu tun, dass die Konzerne als Avantgarde der technologischen Entwicklung diese neue Grundlagentechnologie unter ihre exklusive Kontrolle bringen könnten.

In den Forschungsabteilungen und Datenzentren der Leitunternehmen wird tatsächlich in KI-fähige Infrastruktur investiert, da Rechenpower und KI systematisch zusammenhängen. Jenseits des Aufbaus von Server-Kapazitäten investieren die Leitunternehmen dabei zunehmend auch in die Entwicklung eigener KI-Chips. Ziel dieser Expansion im Feld der Infrastruktur ist nicht nur die Einführung einer neuen Produktkategorie oder -komponente – selbst wenn dies selbstverständlich eine wichtige Rolle spielt. Vielmehr geht es auch um die sukzessive Schließung der proprietären Märkte, indem eine weitere Schnittstelle zu den Konsument:innen besetzt wird. Immer größere Teile der Rest-Ökonomie sollen auf diesem Weg in Abhängigkeit zu den Meta-Plattformen geraten.

Auf der Konsument:innenseite zeigt sich diese Entwicklung vor allem mit Blick auf die ganz konkreten Verwendungsweisen von KI. So kommen bislang vor allem Sprach- und Interaktionsassistenzprogramme zum Einsatz, die das Marktprofil der Leitunternehmen abrunden und erweitern. Diese »Kontaktvereinfacher« sollen es Konsument:innen noch leichter machen, auf den proprietären Märkten zu agieren. Man arbeitet an der Beseitigung eines der letzten Vorteile des stationären Handels: der sprachlich vermittelten Interaktion. In Form smarter Mikrofone wie der Echo-Linie von Amazon, des Apple-Homepod oder der Google-Home-Geräte rücken die Leitunternehmen noch näher an die potenzielle Kundschaft heran. Der Markt für diese Produkte ist in den vergangenen Jahren insbesondere in den USA geradezu explodiert: Die Smart-Speaker-Absätze haben sich dort allein von 2016 auf 2017 verdreifacht, im Frühjahr 2018 verfügte bereits jeder fünfte US-Haushalt über ein solches Gerät. Weltweit wurden im ersten Quartal 2018 über neun Millionen Speaker verkauft, was einem Wachstum von über 200 % im Vergleich zum Vorjahrsquartal entspricht.

Privatisierter Merkantilismus

Fragt man nach der analytischen Bedeutung der Formierung proprietärer Märkte, ist man weniger auf etwas vollkommen »Vorbildloses« (Zuboff 2019) als vielmehr auf etwas für die kapitalistische Ökonomie recht Ursprüngliches verwiesen. Mit den proprietären

Märkten kehrt im Grunde eine Idee zurück, die die frühkapitalistische, vorliberale Epoche in Europa prägte. Basis des *Merkantilismus* jener Zeit war – anders als im (Neo-)Liberalismus – ein Verständnis des Welthandels als Nullsummenspiel. Dies zeigte sich insbesondere an der Bedeutung einer aktiven Handelsbilanz, die das zentrale Ziel des merkantilistischen Staates darstellte. Wohlstand war aus dieser Perspektive nur durch die Übervorteilung anderer Parteien zu erreichen. Positive Handelsbilanzen wurden den »gegnerischen Parteien« gerade im Rahmen des Imperialismus regelmäßig mit roher Gewalt abgepresst, etwa mithilfe staatlich garantierter und geschützter Handelsmonopole wie der britischen Ostindien-Kompanie, die von der englischen Krone unter anderem mit dem Recht ausgestattet worden war, eigene Truppen auszuheben.

Der große Unterschied zwischen dem im Entstehen begriffenen System proprietärer Märkte und dem klassischen Merkantilismus besteht dabei in der jeweiligen Rolle des Staates. Es war der Staat, der die Handelsmonopole förderte, weil er von deren Gewinnen profitierte. Die Trading Companies waren in dieser Hinsicht Monopole von Gnaden des absolutistischen Staates.

Die proprietären Märkte des kommerziellen Internets hingegen sind privatwirtschaftliche Unternehmen, die in jüngerer Vergangenheit gerade für diverse demokratieschädigende Praktiken in die Kritik geraten sind: Steuervermeidung etwa oder die Beförderung einer Fragmentierung der politischen Öffentlichkeit. Der Staat ist der große Verlierer dieser Entwicklung.

Wie der klassische Merkantilismus, der auf Handelsgewinne zielte, weil Produktivitätsgewinne kaum existierten, ist auch sein digitaler Wiedergänger ein Projekt für eine Welt ohne Wachstum. Im Zeichen der Stagnation des Gegenwartskapitalismus werden offenbar Geschäftsmodelle attraktiv, die auf das Abschöpfen von Renten durch Marktbesitz ausgerichtet sind. Der digitale Kapitalismus bricht in diesem Sinne mit jeder liberalen Spielart des Kapitalismus. Denn mit der Kontrolle des Marktes wird dieser als neutrale Instanz des Tausches praktisch abgeschafft.

Man kann in diesem Sinne vom kommerziellen Internet der Gegenwart als einem Ort sprechen, der von einer post-neoliberalen Praxis geprägt ist. Der Markt als neutrale Instanz des Tausches ist hier praktisch abgeschafft zugunsten eines privatisierten Systems datengestützter Profitextraktion.

Der privatisierte Merkantilismus der Leitunternehmen ist freilich in den vergangenen Jahren immer stärker in den Fokus öffentlicher Kritik und politischer Regulierungsbestrebungen gerückt – gerade in Europa. Dabei sind es vor allem Zugriffe über das Kartellrecht, mit denen versucht wird, der Macht der Leitunternehmen des digitalen Kapitalismus Grenzen zu setzen. Ziel ist es, den proprietären Märkten des kommerziellen Internets eine Neutralitätspflicht aufzuerlegen, indem beispielsweise Diskriminierungen gegen Wettbewerber unterbunden werden.

Verspielt wird hier womöglich eine dritte Option zwischen privatisierten und neutralen Märkten. Denn um die Chancen der Digitalisierung für eine demokratische Transformation der Gesellschaft zu nutzen, bedarf es der aktiven Gestaltung von Märkten. Während Privatisierung oder Neutralität von Märkten uns letztlich nur die Wahl lassen, welche *wirtschaftlichen* Akteure von der digitalen Ökonomisierung profitieren sollen, könnte die Machtkonzentration des digitalen Kapitalismus schließlich auch als Ressource für die Gestaltung einer Zukunft genutzt werden, die sozial-ökologisches Handeln prämiert und destruktive wirtschaftlich Praxis per Programmcode zunehmend ausschließt.

Eine erste Version dieses Beitrags ist unter dem Titel »Privatisierter Merkantilismus« in der »Zeitschrift für sozialistische Politik und Wirtschaft (spw)«, Heft 234 (2019), S. 14–20 erschienen.

Literatur

Dolata, Ulrich (2015): Volatile Monopole. Konzentration, Konkurrenz und Innovationsstrategien der Internetkonzerne. In: Berliner Journal für Soziologie 24 (4), S. 505–529

Staab, Philipp (2019): Digitaler Kapitalismus. Markt und Herrschaft in der Ökonomie der Unknappheit. Berlin: Suhrkamp

Summers, Lawrence H. (2013): Rede auf dem »IMF Fourteenth Annual Research Conference in Honor of Stanley Fischer«. http://larrysummers.com/imf-fourteenth-annual-research-conference-in-honor-of-stanley-fischer [Zugriff: 11.09.2019]

Wallerstein, Immanuel (1980): Modern World System II. Mercantilism and the Consolidation of the European World Economy. 1600–1750. New York: Academic Press

Zuboff, Shoshana (2019): The Age of Surveillance Capitalism. The Fight for a Human Future at the New Frontier of Power. New York: PublicAffairs

Der verschenkte Konsum – Die Gratisökonomie der Digitalwirtschaft als neues Marktmodell

Christoph Böhm

Gratisökonomie – kann sie gerecht sein?

Die Digitalwirtschaft hat die Praxis der Ökonomisierung völlig verändert und scheinbar auf den Kopf gestellt. Auf ihrer dem Konsumenten zugewandten Seite verhält sie sich vermeintlich nicht marktwirtschaftlich, sondern ganz im Gegenteil – sie macht Geschenke! Informationen über das Geschehen in der Welt, das Wetter, das Leben von

Lessing oder die Bekämpfung von Blattläusen lassen sich ohne signifikanten Aufwand und vor allem ohne nennenswerte Kosten aus dem Internet beziehen. Auf die Frage: »Wer bezahlt die Geschenke der Digitalwirtschaft?«, erfolgt die Antwort: »Wir – mit unseren Daten!« Und diese Rhetorik erinnert an die Auseinandersetzung zur Atomenergie in den 1980er Jahren. Damals lautete die Frage, woher denn der Strom käme, und die Antwort: »Aus der Steckdose!«, wurde dazu gleich mitgeliefert. Mit dieser polarisierenden Argumentation ist damals von engagierten Atomkraftgegnern unmissverständlich klargemacht worden, dass es keine neutrale Position bei dieser Technologie geben kann. Auch die Diskussion um die Digitalwirtschaft ist in den letzten fünf Jahren deutlich politischer geworden. Das ungebremste Wachstum der Digitalkonzerne, Datenskandale, Datendiebstahl und gezielte Falschnachrichten lassen dämmern, dass in der modernen Gratisökonomie auch Gefahren für Nutzer der Digitaltechnologie und für die Gesellschaft an sich liegen.

Es ist mittlerweile offensichtlich, dass die gesammelten Daten der Nutzer ein wesentlicher Baustein für die kostenfreien Informationsangebote der Digitalwirtschaft sind. Der Ökonom und Moralphilosoph Adam Smith (1723–1790) sprach von einer »unsichtbaren Hand«, als er die Selbststeuerung über Angebot und Nachfrage beschrieb, mit der die Bedarfsgüter bestmöglich im Markt verteilt werden. Mit Sicherheit folgt auch der moderne Datenmarkt einem Prozess der »unsichtbaren Hand«. Aber kaum jemand versteht noch Inhalt oder Wert der Produkte, die in diesem Markt gehandelt werden. Mit Blick auf den Finanzmarkt oder den Handel mit CO_2-Zertifikaten ist diese Unkenntnis über den realen Wert von Produkten kein neues Phänomen. Daher bemühen sich Aufsichtsbehörden, durch Regulierung Marktgleichgewichte sicherzustellen, damit aufgrund der hohen Abstraktion dieser Produkte Fehlentwicklungen möglichst vermieden werden. Im Unterschied zum hoch innovativen Finanzmarkt ist die staatliche Aufsicht in der Digitalwirtschaft aufgrund der Innovationsdynamik von sich ständig ablösenden Technologien und Marktmodellen ungleich schwieriger. Sicher ist, dass durch Trackingverfahren gesammelte Daten für Marketing eingesetzt werden und dass

Konzerne wie Facebook und Google ein Großteil ihres Gewinns über Werbung erzielen. Aber Marketing ist noch kein Gebrauchsgut an sich. Es ist ein »Markt vermittelndes« Produkt, durch das Angebot und Nachfrage zueinander geführt werden. Genau in dem Punkt, was im digitalen Marketing zusammengeführt wird, verliert sich die Spur in den vielen kleinen Verästelungen der während der Internetnutzung gesammelten Daten. Diese Daten werden von sogenannten Cookies generiert. Dabei handelt es sich um kleinste Programme, die mit einer Internetseite zusammen aufgerufen werden und danach permanent auf dem Smartphone oder Computer verbleiben, sofern sie nicht explizit gelöscht werden.

Seit der für Anfang 2020 geplanten Einführung einer neuen ePrivacy-Verordnung werden Internet-Nutzer immer häufiger gefragt, ob Marketing-Cookies eingeschaltet werden dürfen. Diese Verordnung wird von Vertretern der Wirtschaft als so starker Eingriff empfunden, dass der Branchenverband Bitkom im Jahr 2020 in einem Positionspapier Nachteile für die Wettbewerbsfähigkeit Deutschlands im Bereich der Digitalisierung befürchtet. Je aufgerufener Webseite können es weit über 100 Cookies sein, die Daten über das persönliche Verhalten im Internet sowie die Aufmerksamkeit für bestimmte Inhalte einer Webseite in einen immer größeren und undurchschaubaren Markt des sogenannten »Affiliate Marketings« liefern. Dieser Markt setzt sich zusammen aus Datenlieferanten und Datenhändlern, die Daten wiederum an Interessierte weiterverkaufen. Die aktuelle und auf europäischer Ebene geltende Datenschutzgrundverordnung (DSGVO) regelt zwar den Ankauf und Verkauf von personenbezogenen Daten, aber eine Regulierung ist nahezu wirkungslos, sofern Konsumenten nicht auch selbst gegen Regelverstöße vorgehen.

Die Gratisökonomie der Digitalisierung basiert also unter anderem auf einem hochautomatisierten Datenhandel, dessen Akteure und vor allem dessen Ziele unsichtbar bleiben. Genau diese Intransparenz verunsichert, und es stellt sich die Frage, ob sich für die Gratisökonomie Funktionsbedingungen entwickeln ließen, unter denen Konflikte für die Gesellschaft aufgrund neuer Ungerechtigkeiten minimiert werden könnten. Damit richtet sich der Blick zunächst auf die regulierenden Institutionen. Was kann die Regulierung leisten und wo sind derzeit ihre Grenzen? Eine Folgefrage ist, ob Internetnutzer Mitwirkungspflichten für eine gerechte Digitalwirtschaft haben. In einer vertiefenden Betrachtung führen diese beiden Fragestellungen zu einer kritischen Auseinandersetzung damit, ob für Konsumenten und Empfänger der digitalen Geschenke eine Verantwortung besteht, für eine gerechte Gratisökonomie einzutreten.

Dieser Text ist ein Plädoyer, gerade die letzte Frage mit einem entschiedenen »Ja« zu beantworten. Die kritische Auseinandersetzung lohnt sich. Aber darin verbirgt sich eine neue Aufgabenstellung für uns als Nutzer von digitalen Technologien. Wir sind aufgefordert, uns unter sich radikal verändernden sozialen Wertbestimmungen der zunehmend digitaler werdenden Gesellschaft neu zu verorten.

Regulierungsgrenzen am Beispiel der Datenethikkommission

In den letzten Jahren ist die politische Sensibilität deutlich gestiegen, öffentliche und privatwirtschaftliche Digitalisierung zu kontrollieren. In Deutschland haben sich zahlreiche Vereinigungen gegründet, die ein informiertes Sprachmedium für die zivilgesellschaftlichen Interessen an der Digitalisierung bilden und den Diskurs mit der Politik suchen. Sowohl in der deutschen Politik als auch auf europäischer Ebene hat die Digitalagenda mittlerweile einen hohen Stellenwert erreicht. Der Aufbau von behördlichem Wissen wird in Ausschüssen und Ministerien in Form von Initiativen und eigens dafür konstituierten Fachgremien vorangetrieben. Stellvertretend für die Bildung von Grundlagenwissen, die einer Regulierung vorangeht, greife ich die von der Deutschen Bundesregierung eingesetzte Datenethikkommission (DEK) heraus, die im Oktober 2019 nach einjähriger Arbeit einen umfassenden Bericht zur Gestaltung einer fairen und ausgewogenen Digitalisierung vorgelegt hat.

Das Gremium war mit anerkannten Wissenschaftlern sowie Vertretern aus Politik und Vertreter der Zivilgesellschaft äußerst kompetent besetzt. Ihren Auftrag erhielt die DEK im Rahmen der nationalen Digitalstrategie, die Ende des Jahres 2018 erstmals von der Bundesregierung vorgestellt wurde und seitdem kontinuierlich abgearbeitet wird. Die Qualität, Prägnanz und Relevanz des von diesem Gremium veröffentlichten Ergebnisses fand breite fachliche Zustimmung. Unterschiedlicher Ansicht ist man jedoch in der Frage, welche Konsequenzen aus den Vorschlägen der DEK zu ziehen sind. Während die Vertreter der Wirtschaft vor einer möglichen Überregulierung und des damit einhergehenden Standortnachteils für Deutschland warnen, sehen zivilgesellschaftliche Organisationen, wie z.B. AlgorithmWatch, die Ergebnisse als richtungsweisend an. Die DEK hat ihre Vorschläge auf dem Fundament von vorangestellten ethischen und rechtlichen Prinzipien – Menschenwürde, Privatheit, Wahrung der Demokratie und Gerechtigkeit – erarbeitet. Zum Schutz dieser Prinzipien richtet sie 75 konkrete Vorschläge zur Regulierung an die Politik. Diese betreffen gleichermaßen den Umgang mit Daten und die Kontrolle von Algorithmen. In dieser Sammlung findet sich auch das Problem des massenhaften und kleinteiligen Datenhandels wieder. Die DEK schlägt für diesen Fall die Entwicklung eines kontrollierten Datenzugangs durch Datenmanagement und Datentreuhändermodelle vor, um betroffenen Personen eine Entscheidungsmöglichkeit über den bisher intransparenten Handel mit den eigenen Daten zu geben (BMI 2019, 133–139). Die Kommission empfiehlt, den innovativen Ansatz des Datentreuhändermodells nicht in einem eigenen Gesetz, sondern als Ergänzung der DSGVO auszugestalten.

Mit diesem Ausschnitt aus der Arbeit der DEK möchte ich auf zwei übergeordnete und miteinander verbundene Probleme hinweisen, für die Lösungen gesucht werden müssen, damit die genannten ethischen Prinzipien erreichbar bleiben. Bei dem ersten Problem handelt es sich, methodisch gesprochen, um ein *Volumenproblem*. Die Probleme des Datenhandels selbst und die angebotene Lösung eines Datentreuhänder-Modells stehen neben 74 weiteren Empfehlungen, mit denen die bislang tendenziell libertäre Ausgestaltung der Digitalwirtschaft korrigiert werden sollte. Als weiteres Problem liegen hinter dem Aufbau eines Datentreuhändermodells neuartige und grundsätzliche Fragestellungen, wie z. B. die der Sicherung der wirtschaftlichen Neutralität bei gleichzeitig hoher technischer Kompetenz des Datentreuhänders. Da es sich bei Tracking-Daten nicht um direkt personenbezogene Daten handelt, entstünde in den hierfür zu schaffenden Rahmenvorgaben ein neues gesetzliches Paradigma: Für eine Regulierung des Datenhandels muss sowohl der ausdifferenzierte Rahmen der seit 2018 in Kraft getretenen DSGVO berücksichtigt als auch abgewogen werden, warum das tief in der Marktordnung verankerte Prinzip des freien Zugangs beschränkt wird. Die Größenordnung dieser regulatorischen Aufgabe dürfte mit dem Aufwand vergleichbar sein, die bisherige DSGVO abzustimmen und zu verabschieden. Die Gesetzentwicklung dauerte mehr als sechs Jahre und fand sowohl auf deutscher als auch auf EU-Ebene statt. Die auf den Schutz der Persönlichkeitsrechte und die Datensparsamkeit ausgerichtete europäische DSGVO wird auch über die EU hinaus anerkannt und wurde von Ländern wie Japan oder der Schweiz zwischenzeitlich adaptiert. Damit lohnt sich zwar die Mühe von regulatorischer Grundlagenarbeit, aber gleichzeitig fehlt die Kapazität, sich um anderen genauso relevanten Regulierungsbedarf zu kümmern. Darüber hinaus entstehen während der für die Regulierung notwendigen Zeit massenhaft neue Technologien, die zu ethischen Fragen der gleichen Komplexität führen. Hierzu könnte beispielsweise die Miniaturisierung von Drohnen oder das Microtargeting zählen. Letzteres wird im Internetmarketing verstärkt eingesetzt, um Personen über individualisierte Botschaften zu Handlungen zu verleiten, die einem verdeckten Interesse dienen. So hatte z. B. Cambridge Analytica die Persönlichkeitsprofile von Facebook-Nutzern analysiert, um darüber den amerikanischen Präsidentenwahlkampf im Jahr 2016 zu beeinflussen. Auch zeigt eine Studie der NGO Privacy International aus dem Jahr 2019, dass Daten von Personen mit instabilen Persönlichkeitsprofilen, wie z. B. Depressionen oder Suchtsymptomen, den höchsten Marktwert haben.

Rasante Innovation findet nicht nur im Bereich der Digitalisierung statt, sondern etwa auch in der Gesundheitsindustrie, in der ebenfalls neue ethische Fragen in vergleichbarer Dimension und Komplexität aufgeworfen werden. Konsumenten, Bürger oder Nutzer dieser Innovationen werden in der aktuellen ethischen Positionsfindung selten als Akteure genannt, die durch ihr Verhalten einen Beitrag leisten sollten und, sofern zumutbar, auch müssen, um problematische Innovation kritisch bezüglich ihres Nutzens zu hinterfragen. Damit spreche ich neben dem zuvor genannten Volumenproblem bei ethischen Fragestellungen das zweite strukturelle Problem an: Ohne den *aktiven Beitrag der Konsumenten* müssen regulatorische Bemühungen scheitern. Regulierungen werden immer zu spät kommen und sie werden immer so unflexibel sein, dass sie durch die flexible Digitaltechnologie leicht umgangen werden können. Wenn neben der schützenswerten Rolle der Konsumenten nicht auch das Potenzial zur aktiven ethischen Gestaltung im alltäglichen Marktverhalten adressiert wird, ist die Flut ethischer Fragen nicht zu bewältigen. Aus Skandalen in der Lebensmittel- und Kleidungsindustrie hat sich das Konzept der Konsumentenverantwortung entwickelt, das ein Vorbild für eine verantwortungsvolle Nutzung der digitalen Angebote sein könnte. Es gäbe jedenfalls Vorlagen aus der Konsumentenverantwortung, wie z. B. die »Kampagne für Saubere Kleidung« (2020). Aus Initiativen dieser Art könnten vergleichbare Konzepte für die Digitalwirtschaft entstehen, in denen eine glaubwürdige Selbstverpflichtung dieser Industrie über kollektives Verhalten eingefordert wird.

Konsumentenverantwortung – ein mögliches Konzept für die Digitalisierung?

Trotz der bis hierhin skizzierten wachsenden Sensibilität von Nutzern und Politik für ethisch fragwürdige Geschäftspraktiken der Digitalwirtschaft werden die durch die Digitalisierung vergrößerten Handlungsspielräume als gesellschaftlicher Fortschritt und vor allem als

Erweiterung der individuellen Autonomie gewertet. Es fehlen derzeit noch ausreichende Erfahrungen, in welcher Weise die massenhafte Verbreitung und Sammlung von Daten zu neuen strukturellen Ungerechtigkeiten führt. Daher gibt es gegenwärtig auch noch keine etablierten Konzepte für eine Nutzerverantwortung in der Digitaltechnologie, die über den legalen Gebrauch von Produkten und Dienstleistungen der Digitalwirtschaft hinausgehen. So schreibt etwa der Technikphilosoph Günter Ropohl (2009, 42): »Niemand hat Pflichten, die seine Fähigkeiten übersteigen. Sollen setzt Können voraus, und das heißt konkret: Verantwortungsbereitschaft setzt Verantwortungsfähigkeit voraus«. Verantwortung ist somit die Anforderung an Personen oder Institutionen, im Rahmen ihrer Möglichkeiten Schaden zu vermeiden oder auch für Gutes zu sorgen. Ludger Heidbrink, Wirtschaftsphilosoph, betont, dass die Verantwortlichkeit von Personen nicht nur auf der Einhaltung ethischer oder rechtlicher Pflichten beruhe, sondern auch auf der Zurechnungsfähigkeit und Zuständigkeit von Personen (Heidbrink 2017, 6). Die Nutzerverantwortung wird von einer Expertenverantwortung über die Zuordnung der unterschiedlichen Zuständigkeiten abgegrenzt. Institutionen und die von ihnen beauftragten Personen haben bei der Herstellung und dem Betrieb von Technologien die Aufgabe, diese nur in dem Maße zu entwickeln, wie auch die Voraussetzungen für eine Verantwortungsübernahme geschaffen sind. Damit ist das gesellschaftliche Ziel verbunden, dass Verantwortungslücken möglichst gering bleiben.

Gerade die Entwicklung von hoch wirksamen Technologien, wie beispielsweise die Atomtechnologie, gerät häufig in Konflikt mit dieser Verantwortungsdefinition. Sie beruht auf einer Folgenabschätzung, inwieweit eine unvorhergesehene Wirkungskette entstehen könnte. Das Desaster von Boeing mit dem Flugzeugtyp »737 Max 8« ist ein Beispiel dafür, wie sich technologische Wirkmechanismen verselbstständigen können. Nach der Einführung des neuen Flugzeugtyps im Jahr 2015 häuften sich Abstürze in den Jahren 2018 und 2019 mit insgesamt 346 Toten. Als Ursache dieser Abstürze wurde ein fehlerhaftes Verhalten der Flugsteuerungssoftware identifiziert, die die

Nase des Flugzeugs aufgrund falscher Daten der Anstellwinkelsensoren nach unten drückte. Eine manuelle Korrektur durch die Piloten war nicht möglich. Nachdem sich die Hinweise auf strukturelle Technologiefehler verdichteten, wurden alle Maschinen dieses Typs vom Flugverkehr ausgeschlossen. Das Unternehmen Boeing musste zugeben, dass es in der Konstruktion und beim Test erhebliche Mängel gegeben hatte und es somit seiner Verantwortung als Experte für sicheren Flugzeugbau nicht gerecht geworden war.

Konsumenten müssen dagegen keine Experten für die Produkte sein, die sie nutzen. Es besteht keine universelle Pflicht, sich ein Wissen darüber zu verschaffen, unter welchen Bedingungen die Produkte hergestellt und auf den Markt gebracht wurden oder welche Schäden die Produkte möglicherweise verursachen. Zwar unterliegt der Gebrauch von wirkungsmächtigen Produkten, wie beispielsweise Kraftfahrzeugen, Vorschriften, die Nutzer anerkennen müssen, was wiederum Institutionen oder Hersteller sicherstellen. Grundsätzlich darf aber der private Käufer eines Produktes im rechtlichen Sinne nicht verantwortlich gemacht werden, falls für die Herstellung eines Produktes umstrittene Methoden eingesetzt wurden. Das Konzept der Konsumentenverantwortung sieht diese »Freistellung« als Mangel an und fordert Konsumenten und Institutionen dazu auf, im Sinne einer moralischen Verantwortung auch die verdeckten Probleme und strukturellen Konsequenzen im Bereich des individuellen Konsums mit zu berücksichtigen. Konsumentenverantwortung bewegt sich somit zwischen einer juristisch legalen und einer ethisch legitimen Norm. So gibt es kein Gesetz, für den Erhalt des Planeten zu sorgen, wohl aber ein (gut begründbares) kollektives ethisches Interesse. Aus der Empörung über Ungerechtigkeiten oder die Ausbeutung der planetaren Ressourcen sind aus Graswurzelbewegungen globale Initiativen entstanden, wie beispielsweise die Buycott Plattform oder zuletzt die globale Klimabewegung, an deren bisherigen Höhepunkt im Jahr 2019 die jugendliche Stimmführerin Greta Thunberg eine empörte Rede vor der UN-Vollversammlung hielt.

Im Bereich der Digitalisierung gibt es noch kein kollektives Verständnis davon, hinter welchen Angeboten Ungerechtigkeiten bereits bestehen oder sich entwickeln könnten. Es fehlt das Wissen, um die strukturellen Konsequenzen einer digitalen Transformation der Gesellschaft erkennen und vor allem bewerten zu können. Ist das Crowdworking, in dem z. B. einzelne Personen im zeitlichen Wettbewerb zueinander Software testen und nur die gefundenen Fehler vergütet werden, eine Bereicherung für autonomes Arbeiten oder schlicht Ausbeutung? Institutionen aus Politik und Interessensverbände der Zivilgesellschaft sind derzeit damit beschäftigt, strukturelle Schieflagen zu beseitigen, die durch die digitale Ökonomie verursacht werden. Sie sind damit nicht nur vollständig ausgelastet, sondern tendenziell überfordert. Auf absehbare Zeit kann nicht erwartet werden, dass staatliche Institutionen für die Verbreitung des Wissens sorgen können, das für die Entwicklung einer pluralen öffentlichen Meinungsbildung über eine gelingende digitale Gesellschaft notwendig wäre. Diese Pflicht zur umfassenden Bildung kann zwar legitimerweise vom Staat eingefordert werden, aber es muss auch die gesellschaftliche Bereitschaft bestehen, sich mit Fragen der digitalen Gerechtigkeit zu beschäftigen. Dass sich diese Beschäftigung lohnt, möchte ich mit einem hypothetischen Szenario verdeutlichen.

Eine Theorie der Gerechtigkeit bietet Orientierung

Der Ökonom und Philosoph Amartya Sen gehört zu den bedeutendsten Wissenschaftlern der Gegenwart. Er hat wesentliche Beiträge im Bereich der Wohlfahrtsökonomie, der Sozialwahltheorie und vor allem in der Gerechtigkeitstheorie geleistet. 1998 erhielt er den Nobelpreis für sein Gesamtwerk und ist mit über 90 Ehrendoktorwürden ausgezeichnet. Amartya Sen wurde 1933 in Indien geboren und hat aus nächster Nähe die Auswirkung von Hungersnöten und die traditionellen Benachteiligungen von Frauen in der Gesellschaft erlebt. Um solche in den gesellschaftlichen Strukturen verfestigten Ungerechtigkeiten zu überwinden, fordert Sen ein universelles Recht auf die Entwicklung individueller Fähigkeiten ein. Dieses als »Fähigkeiten-Ansatz« (*capability approach*) bekannte Konzept ist ein sogenanntes komparatives Modell, in dem benachteiligte Individuen und Bevölkerungsgruppen gerechterweise befähigt werden müssen, um sich die realen Chancen auf ihre individuelle Freiheit erhöhen zu können. In seinem Werk *Die Idee der Gerechtigkeit* schreibt Sen zum Fähigkeiten-Ansatz: »In diesem Ansatz wird der individuelle Vorteil gemessen an der Befähigung einer Person, die Dinge zu tun, die sie mit gutem Grund hochschätzt« (Sen 2009, 259).

In der Einführung zu *Die Idee der Gerechtigkeit* stellt Sen die verschiedenen Formen von Gerechtigkeitsfragen anschaulich an einem Beispiel dar. Drei Kinder – Anne, Bob und Clara – streiten um eine Flöte. Sie müssen entscheiden, welches der drei Kinder die Flöte haben soll. Anne kann als einzige der drei Kinder die Flöte spielen. Bob dagegen ist so arm, dass er kein eigenes Spielzeug besitzt. Clara hingegen erklärt, dass sie über viele Monate hinweg diese Flöte selbst gebaut hat. Die Frage lautet nun, welches der drei Kinder die Flöte bekommen sollte. Aus diesem Beispiel lassen sich die Gerechtigkeitsfragen ableiten, die sich aus einer Ökonomie ergeben, in der die Zahl der zu verteilenden Güter endlich ist.

Wie würde sich das Flötenbeispiel wandeln, wenn das Modell der Gratisökonomie darauf angewendet wird? Um an den Rohstoff der Daten zu kommen, macht die digitale Industrie massenhaft Geschenke, sofern sich damit ein Sogeffekt bei verhältnismäßig geringen Produktionskosten erzeugen lässt. Bezogen auf das Beispiel gäbe es auf einmal nicht nur eine Flöte und auch nicht drei Flöten, sondern es gäbe hunderte. Und wenn ein Kind immer noch einen Mangel an Flöten signalisierte, würden aus irgendeiner unsichtbaren Quelle noch viele Tausend hinzukommen. Die Kinder wären mit Flöten überhäuft und es gäbe keinen Anlass mehr, sich um die eine Flöte zu streiten. Wie würden sich die Kinder in dieser Situation fühlen? Anne hat keine Lust mehr, Flöte zu spielen, weil es von überall her Flötentöne gibt. Sie sind nicht schön, aber die schönen lassen sich in dem ganzen Lärm nicht mehr von den krächzenden unterscheiden. Bob ist nun so reichlich mit Spielzeug überhäuft, dass er keinerlei

Bedürfnis mehr verspürt, mit Anne und Clara zu spielen. Und Clara wird möglicherweise sehr traurig sein, dass ihre besondere Fähigkeit, wunderbare Flöten zu bauen, völlig irrelevant geworden ist. Das einst bedeutende Flötenspiel ist auf einmal banal geworden.

Mit dieser Erweiterung des Flötenbeispiels wird vielleicht nachvollziehbar, dass die Entwicklung von einer Ökonomie knapper Ressourcen hin zu einer Gratisökonomie omnipräsenter Güter trotz aller gravierenden Unterschiede zugleich Fragen aufwirft, die an sich nicht neu sind. Wer bin ich? Wer möchte ich sein? Wer und was ist mir wirklich wichtig? Diese Fragen werden durch omnipräsente Gratisangebote der Digitalwirtschaft – vor allem im Bereich der Nachrichten, Medien und der Vermittlung von sozialen Kontakten – banalisiert. Die Wertschätzung für individuelle Fähigkeiten geht verloren. Es baut sich durch die Gratisökonomie ein neuer gravierender Mangel auf. Knapp sind nicht mehr die Güter, sondern die immer geringer werdenden Möglichkeiten, für einen besonderen Beitrag wertschätzende Anerkennung zu bekommen. Hieraus entsteht eine neue Art von Fragen an die individuelle Lebensgestaltung: Es geht immer weniger darum, zwischen Restriktionen zu entscheiden, sondern aus den Überangeboten diejenigen auszuwählen, die einen guten Beitrag zu dem Leben leisten, das ich führen möchte. Diese offene Fragestellung kann in eine Überforderung führen, denn, so die Philosophin Cornelia Klinger: »Anders als auf früheren Etappen der industriellen Entwicklung frisst die jüngste technologische Revolution ihre Kinder nicht, sondern füttert sie.« (Klinger 2018, 130) Und so bremst die Überfütterung mit Gratisangeboten die Entwicklung, aus der die Individualität als das wertvolle Besondere in einem konstruktiven Konflikt entstehen kann.

Wir benötigen gerade auch in einer durch die Digitalisierung beförderten Gratisökonomie neue Fähigkeiten. Sie liegen darin, uns in unserem eigenen Wert für uns selbst und für andere bestimmen und wahrnehmen zu können. Wenn die Frage, welchen Beitrag ein Angebot zum guten Leben leistet, vorangeht, dann werden die Angebote der Digitalwirtschaft wieder das, was sie sein sollten: Mittel zum Zweck des guten Lebens und nicht Selbstzweck. Wenn diese reflektierte Hinwendung zu uns selbst, zu unseren eigenen Bedürfnissen und Wünschen, auch nur in Teilbereichen gelänge, so würde die »unsichtbare Hand« der Gratisökonomie wieder dem Modell von Angebot und Nachfrage folgen. Der Markt der Digitalwirtschaft wäre dann zwar deutlich geringer, aber wertvoller.

Literatur

BMI (2019): Gutachten der Datenethikkommission. https://www.bmi.bund.de/SharedDocs/downloads/DE/publikationen/themen/it-digitalpolitik/gutachten-datenethikkommission.pdf [Zugriff: 27.09.2020]

Heidbrink, Ludger (2017): Definitionen und Voraussetzungen der Verantwortung. In: Heidbrink, Ludger u. a. (Hrsg.), Handbuch Verantwortung. Wiesbaden: Springer, S. 3–34

Klinger, Cornelia (2018): The Selfie – oder das Selbst in seinem Welt-Bild. In: Fuchs, Thomas u. a. (Hrsg.), Das überforderte Subjekt. Berlin: Suhrkamp, S. 115–144

Ropohl, Günter (2009): Verantwortung in der Ingenieurarbeit. In: Maring, Matthias (Hrsg.), Verantwortung in Technik und Ökonomie. Karlsruhe: Universitätsverlag Karlsruhe, S. 37–54

Sen, Amartya (2009): Die Idee der Gerechtigkeit. München: C.H. Beck

Die Ökonomisierung der Natur und ihrer Leistungen

Reinhard Loske

Denken Sie als Naturfreund beim sonntäglichen Spaziergang durch den heimischen Wald an *Naturkapital*, dessen *Wert* sich nicht nur in Festmetern Holz bemisst, sondern auch in seiner *Nutzenfunktion* für Luftreinhaltung, Wasserspeicherung, Erosionsschutz, menschliche Erholung und als CO_2-Senke? Sehen Sie als Gärtnerin bei der Beobachtung von Bienen in ihrem Nutzgarten *Ökosystemdienstleister* (Bestäubung) am Werk, deren Arbeit eigentlich mit einem *Preis*schild zu versehen wäre? Fragen Sie sich als Ästhet beim Anblick einer schönen Landschaft, wie groß Ihre *Zahlungsbereitschaft* wäre, damit diese Harmonie erhalten bleiben kann? Oder bedauern Sie als Förderin der erneuerbaren Energien, dass das *Potential* des wilden Gebirgsbaches, der da vor ihren Augen donnernd zu Tal schießt, keine *Inwertsetzung* erfährt, obwohl es sich mittels eines Wasserkraftwerks doch leicht in etliche Kilowattstunden Strom transformieren ließe?

Die meisten Naturfreunde, Gärtnerinnen, Romantiker und wohl auch Unterstützerinnen der erneuerbaren Energien würden die gestellten Fragen kaum mit einem uneingeschränkten »Ja!« beantworten oder mit ihrer Antwort zumindest zögern. Zu offenkundig dürfte ihnen die Rahmung der Fragestellung vorkommen, die von einem ganz bestimmten Verständnis von Ökonomie ausgeht, nämlich von der Sichtweise, alles ließe sich in Euro und Cent ausdrücken und sei deshalb »dem Markt« oder »den Märkten« zu überlassen.

Verlängern wir die Frageliste noch ein wenig und stoßen dabei mehr und mehr ins Feld der Klimapolitik vor, dem momentan meistdiskutierten Sektor ökologischer Politik: Kommt Ihnen als Staatsbürger und Steuerzahler der eskalierende Klimawandel als etwas vor, das aus der Abwälzung *externer Effekte* des fossilen Energiesystems auf die Gesellschaft resultiert und dem deshalb nur durch eine konsequente Strategie der *Kosteninternalisierung* (CO_2-Bepreisung) begegnet werden kann? Stellen Sie als umweltbewusste Verkehrsteilnehmerin eine *Kosten-Nutzen-Analyse* an, bevor Sie entscheiden, ob Sie den Weg zur Arbeit besser mit dem Auto, dem ÖPNV oder dem Fahrrad zurücklegen sollten? Fragen Sie sich als Unternehmer vor einer Energiesparinvestition in ihrem Betrieb, ob mit der geplanten Summe nicht an anderer Stelle, etwa in Osteuropa, wegen der dort geringeren *Grenzvermeidungskosten* (pro Tonne CO_2) ein größerer Klimaschutzeffekt erzielt werden könnte? Und pochen Sie als Politikerin darauf, dass anspruchsvoller Klimaschutz im eigenen Land nur dann sinnvoll ist, wenn alle Staaten der Welt in gleicher Weise tätig werden, weil es ansonsten zu *Wettbewerbsverzerrungen*, *Ineffizienzen* und *Trittbrettfahrer*-Verhalten kommt?

Wenn Sie diese Fragen nicht mit einem zügigen »Ja!« beantworten, sondern zögern oder gar Gegenfragen stellen, sind sie noch nicht in der schönen neuen Welt der durchökonomisierten Klimapolitik angekommen, wie sie in der neoklassischen Ökonomik heute Standard ist. In dieser Welt nämlich sind ökonomische Aspekte nicht nur ein (ohne Zweifel wichtiger) Aspekt, sich mit ökologischen Fragen zu befassen. Vielmehr prägt und prästrukturiert hier eine bestimmte ökonomische Sichtweise den gesamten Blick auf die Welt. Durch diese Brille betrachtet, schnurrt die ökologische Frage auf Ressourcen- und Warenförmiges, Naturkapital und Ökosystemdienstleistungen, Kosten-Nutzen- und Zahlungsbereitschaftsanalysen, Inwertsetzungs- und Internalisierungsstrategien zusammen, kurz: auf Messbares, Quantifizierbares, Monetarisierbares, Vergleichbares, Abwägbares. Was sich dieser Logik entzieht, bleibt systematisch unbeachtet und soll es auch: von den Eigenrechten der Natur bis zur Naturbedingtheit der menschlichen Existenz, von kulturellen, religiösen und historischen Prägungen von Gesellschaften und Individuen bis zu den Herausforderungen, Politik gerecht zu gestalten.

Primat der Ökonomie oder Ökonomie als Hilfsargument?

Wie konnte es dazu kommen, dass das Ökonomisierungsdenken seit mindestens drei Jahrzehnten so stark in den Ökologiediskurs und die Umweltpolitik vorgedrungen ist? Mir scheint es bei der Diskussion dieser Frage wesentlich zu sein, zwischen einem interessengeleiteten *Überwältigungsansatz* sowie einem um Anschlussfähigkeit bemühten *Ansatz der Akzeptanzförderung* zu unterscheiden.

Als Überwältigungsstrategie bezeichne ich hier den Versuch überwiegend neoklassisch orientierter Ökonomen und wirtschaftlicher Interessengruppen, die Umweltfrage passförmig in ihr Kategoriensystem zu integrieren und so den Primat der Ökonomie über die Politik zu sichern. Man muss sich das regelrecht als Orchester vorstellen, welches das Hohelied von Effizienz und Wachstum, Gewinn und Wettbewerb nun auch im grünen Kontext konsequent vorträgt – und zwar auf allen Kanälen. Soweit ökologische Probleme nicht mehr vollständig geleugnet werden können, was in bestimmten Fraktionen dieser Denkrichtung dennoch regelmäßig geschieht (zum Beispiel werden Erderwärmung und Ressourcenendlichkeit heruntergespielt), sollen diese durch das Marktsystem und seine »rationale« Logik bearbeitet werden, wobei man Instrumente mit hohen Freiheitsgraden bevorzugt, etwa den globalen Emissionshandel.

Als Strategie der Akzeptanzförderung von ökologischer Politik bezeichne ich demgegenüber den Versuch, unter Zuhilfenahme ökonomischer Argumente zu begründen, dass ein nachhaltiger Entwicklungspfad letztlich auch der erfolgversprechendere ist. Man will den Verhältnissen quasi ihre eigene Melodie vorspielen: Die Nutzung der Natur soll als Faktor der *Mitproduktivität* einen angemessenen Preis erhalten. Deshalb wird viel Energie darauf verwendet, die *externen Kosten* des vorherrschenden ökonomischen Entwicklungsmodells zu ermitteln, *unwirtschaftliches Wachstum* kenntlich zu machen, *ökologisch wahre Preise* durch den Abbau umweltschädlicher Subventionen oder Ökosteuern zu erreichen oder die Vorzüge von *grünem Wachstum*, *grünen Märkten* und *grünen Technologien* herauszuarbeiten.

Politik als Störung der ökonomischen Rationalität?

Kommen wir zu einer vertieften Betrachtung und Analyse der beiden Akteursgruppen und ihrer Argumente: Die neoklassische Ökonomik kann in ihrem Streben, die Bearbeitung von Umweltfragen dem politischen Prozess zu entziehen und sie vollständig ökonomischen Kalkülen zu unterwerfen, auf einen reichhaltigen ideengeschichtlichen Fundus und eine große Zahl exponierter Ökonomen zurückgreifen. Zuvörderst zu nennen sind hier Ludwig von Mises (1881–1973), Friedrich August von Hayek (1899–1992) und Gary S. Becker (1930–2014).

Das Werk von Mises war durch eine tiefe Skepsis gegenüber Staat und Politik sowie die feste Überzeugung geprägt, allein freie Märkte und der Wettbewerb seien dazu in der Lage, Wohlstand und Stabilität zu schaffen. Als zentrale Bestimmungsgröße für sachgerechte Entscheidungen in einer Gesellschaft sah er deshalb weniger demokratische Wahlen und staatliche Regeln, sondern vielmehr funktionierende Märkte an. Eine seiner zentralen Thesen lautete deshalb, dass der Markt eine Demokratie bildet, bei der jeder Pfennig einen Stimmzettel bedeutet. Die demokratische Wahlordnung erschien von Mises eher als ein unzulänglicher Versuch, im politischen Leben die Marktverfassung nachzubilden. Auf dem Markt hingegen gehe keine Stimme verloren.

Hayek, der wohl bedeutendste Mises-Schüler und einer der führenden Liberalismus-Theoretiker des 20. Jahrhunderts, sah in der politischen (und aus seiner Sicht oft ideologischen) Bestimmung außerökonomischer Ziele eine Anmaßung von Wissen. Er war überzeugt, dass der politische Hochmut, es besser wissen zu wollen als die wettbewerblichen »Entdeckungsverfahren« der Märkte, früher oder später auf den »Weg zur Knechtschaft« (Hayek 1944) führe und im Totalitarismus lande. Den Einfluss von Politik auf die Wirtschaft zurückzudrängen, sah Hayek deshalb zeitlebens als große Aufgabe an, der er sich mit viel Energie widmete.

Becker, der für seine Ausdehnung mikroökonomischer Theorien auf weite Teile des menschlichen Verhaltens und der menschlichen Zusammenarbeit 1992 den Ökonomie-Nobelpreis erhielt und sich vor allem mit Fragen der Bildung von »Humankapital« beschäftigte, sah in der Ökonomisierung möglichst vieler Lebensbereiche den besten Weg zur vernunftgemäßen Strukturierung der Gesellschaft. Auch wenn manche seiner Texte, etwa zur Ökonomisierung partnerschaftlicher Beziehungen, als Grenzüberschreitung kritisiert wurden, so hat sein Grundansatz doch auf breitester Front Einzug in die Politik gehalten. Becker kann deshalb auch indirekt als einer der gedanklichen Vorläufer der *Naturkapital*-Idee gesehen werden.

Es mag erstaunen, dass hier als geistige Väter der Ökonomisierung der Natur Ökonomen angeführt werden, die sich selbst mit dem

Thema nicht oder nur am Rande befasst haben. Was so enorm wirkmächtig ist, sind nicht ihre wenigen Aussagen zum Gegenstand selbst, hier also der Ökologie, sondern die angebotenen Rahmungen zur Wahrnehmung, Bearbeitung und Lösung von gesellschaftlichen Herausforderungen und Problemen, die sogenannten »Frames«, präziser: »Tiefenframes«. Mittels dieser lässt sich das Umweltproblem dann entweder wegdefinieren oder zum (temporären) ökonomischen Effizienzproblem umdefinieren.

Wer mit den neoliberalen Protagonisten der Ökonomisierung der Umweltfrage heute in den Austausch oder den Konflikt geht, kann sicher sein, welche Antworten er oder sie erhält: Der endgültige Nachweis des zur Debatte stehende Umweltproblems sei noch nicht erbracht oder noch mit zu vielen Unsicherheiten behaftet, weshalb nicht voreilig gehandelt werden solle. Das Problem sei, sollte es tatsächlich existieren, nicht auf prinzipielle Restriktionen (etwa Ressourcengrenzen, die begrenzte Kapazität von Senken oder Grenzen des Wachstums ganz allgemein) zurückzuführen, sondern auf alle Fälle durch technische Innovationen lösbar, die es durch Wettbewerb zu entfesseln gelte. Durch Wirtschafts- und Produktivitätswachstum werde das betreffende Problem gelöst, weshalb »bürokratische Hemmnisse«, die solchen Lösungen im Wege stünden, zu entfernen seien. Verglichen mit dem Ausmaß des vermeintlichen Problems, etwa dem globalen Klimawandel, sei der Beitrag der eigenen Ökonomie doch verschwindend gering, zumal andere Staaten (wie China) das Klima in viel stärkerem Ausmaße belasteten. Und überhaupt sei wohl abzuwägen, welche Schäden ökologisch motivierte Interventionen in das ökonomische System zur Folge haben könnten.

Grüne Märkte und grünes Wachstum

Von dieser neoliberalen Argumentation sind die Argumente derer scharf abzugrenzen, die auf der Basis echter Sorge um die natürlichen

Lebensgrundlagen glauben, es gelte die Ökonomie, so wie sie nun einmal funktioniere, für Zwecke der Nachhaltigkeit in Dienst zu nehmen. Kaum jemand hat diese Haltung besser auf den Punkt gebracht als der konservative Politiker Josef Riegler, ehemaliger Vizekanzler der Republik Österreich und einer der Vordenker der ökologisch-sozialen Marktwirtschaft. Für ihn steht fest: »Für Geld tun die Leute alles – sogar das Gute.«

Vor einer derart fundamentalen Bejahung ökonomischer Motive schrecken die meisten ökologisch motivierten Menschen verständlicherweise zurück. Gleichwohl kann ein großer Teil der Argumentationsfiguren, die sich heute im Hauptstrom der umweltpolitischen Debatte finden, diesem Grundansatz zugeordnet werden. Da wird für eine »Effizienzrevolution« und eine erhöhte »Ressourcenproduktivität« geworben, die durch »ökologisch wahre Preise« und so induzierte »Öko-Innovationen« zu erreichen sei. Da werden für erneuerbare Energien und Ökotechnik ganz allgemein riesige »Exportpotentiale« gesehen und »grüne Wettbewerbsvorteile auf den globalen Wachstumsmärkten der Zukunft« gepriesen. Da wird unermüdlich argumentiert, dass unterlassener Klimaschutz wesentlich höhere Kosten verursacht als konsequenter Klimaschutz – und so die Wachstumsaussichten schmälert. Und auch um die Führung des Nachweises, dass die weitere Zerstörung der biologischen Vielfalt erhebliche ökonomische Kosten verursacht, kümmern sich immer mehr ökologisch orientierte Wissenschaftler:innen.

Sind diese Argumente für eine grüne Marktwirtschaft nun falsch oder richtig? Bei dem Versuch, diese Frage zu beantworten, sind Abschichtungen erforderlich, die sich auf Aspekte des politischen Pragmatismus, des grundsätzlichen Verständnisses von Wirtschaft und der gesellschaftlichen Ordnung insgesamt beziehen sollten.

Beginnen wir mit dem politischen Pragmatismus »grüner« Provenienz. Er fragt, was unter gegebenen politischen Handlungsbedingungen möglich ist, um ökologische Ziele zu erreichen. Dabei rückt dann fast zwangsläufig die wirkmächtige Ökonomie ins Blickfeld. Das ist nicht zu kritisieren, sondern zu begrüßen. Dass in der ökologischen Debatte seit den achtziger Jahren eine Abkehr von der unfruchtbaren

Frontstellung »Wirtschaft gegen Umwelt« (oder umgekehrt) stattgefunden hat und stattdessen der ökologische Strukturwandel der Wirtschaft in den Fokus rückte, kann durchaus als Fortschritt gedeutet werden. Ob Energiewende, Verkehrswende, Landbauwende, Wasserwende, Ressourcenwende, Chemiewende oder Kreislaufwirtschaft, stets lautete die Grundbotschaft: Wenn wir weiterwirtschaften wie bisher, droht der Kollaps! Es geht auch anders! Es geht sogar besser!

Unter der Hand hat die Diskussion über den ökologischen Umbau der Wirtschaft, die noch in den siebziger Jahren überwiegend wachstumskritisch, konsumkritisch und industriekritisch geprägt war, aber eine Richtung genommen, die vor allem an die Argumente des ökonomischen Hauptstroms anzuschließen sucht. Spätestens seit den neunziger Jahren hieß es dann oft: Mit grünen Zielen lassen sich schwarze Zahlen schreiben! Wer bei grünen Technologien führt, kann auf den Weltmärkten der Zukunft ganz vorn dabei sein! Ökoeffizienz erhöht die Wettbewerbsfähigkeit! CO_2-Bepreisung ist ein Innovationstreiber!

Ich gestehe: Auch ich selbst bin, obwohl in der Wolle gefärbter Ökologe mit wachstumskritischer Grundhaltung, als Mitglied des Deutschen Bundestages um die Jahrtausendwende regelmäßig in diese Tonlage gefallen, um Anschlussfähigkeit im politischen Raum herzustellen und im »Wettbewerb« der ökonomischen Argumente bestehen zu können. Und es war ja auch keineswegs falsch, die Vorzüge von ökologischer Technologie, ökologisch wahren Preisen und grünen Zukunftsmärkten herauszustellen. Im Gegenteil: Es trifft zu, dass über kurz oder lang auf der Verliererseite enden wird, wer gegen die Natur wirtschaftet und Ressourcen vergeudet.

Das Problem lag eher in der einseitigen Begründungsstruktur dieser Chancen-Erzählung. Sie blendete zu vieles aus, etwa die Tatsache, dass die allumfassende ökonomische Steigerungslogik und der Konsumismus die technischen Effizienzgewinne samt und sonders wieder auffressen (»Rebound-Effekt«), weshalb es insgesamt nicht zu einer relevanten Reduzierung der Umweltprobleme kommt. Auch auf Fragen der sozialen Gerechtigkeit und der demokratischen Kontrolle wirtschaftlicher Macht gibt das Konzept der »grünen Märkte« keine Antworten. Es springt vor dem Hintergrund der sozial-ökologischen Herausforderungen und ihrer gewaltigen Dimension schlicht und einfach zu kurz und kann bestenfalls als »halbierte Ökologiepolitik« bezeichnet werden.

Die Renaissance der Wachstumskritik

Es erstaunt deshalb nicht, dass es um 2010 wieder zu einer wachstumskritischen Debatte, einer Diskussion über die Wiedereinbettung der Ökonomie in Natur und Gesellschaft und das grundsätzliche Verständnis von Wirtschaft kam. Das hatte viel mit der Finanzmarktkrise seit 2008 zu tun, die die Schwachstellen eines wild gewordenen Kapitalismus schonungslos offenlegte, aber auch mit der anhaltenden Erfolglosigkeit der internationalen Klimapolitik sowie den zunehmenden sozialen Disparitäten in den westlichen Gesellschaften und in den Nord-Süd-Beziehungen.

Seit etwa zehn Jahren sprießen alternativökonomische Konzepte, die Werte wie Eigennutz, Effizienz, Rendite, Wachstum und Wettbewerbsfähigkeit stark infrage stellen, fast wie Pilze aus dem Boden: Von der Gemeinwohlökonomie bis zur Postwachstumsökonomie, von der ökologischen Ökonomie bis zur solidarischen Ökonomie, von der Ökonomie der Gemeinschaftsgüter (»Commons«) bis zur sozial-ökologisch begründeten »Donut«-Ökonomie (für einen Überblick der diversen Ansätze siehe: Netzwerk Oekonomischer Wandel). All diesen und weiteren Konzepten ist gemein, dass sie Kooperation und Verhandlungslösungen an die Stelle von Eigennutz und Wettbewerb setzen, Nachhaltigkeit an die Stelle von Kurzfristorientierung, Resilienz, also die Widerstandsfähigkeit gegenüber Krisen, an die Stelle von Effizienz, Maßhalten an die Stelle von Wachstum, gesellschaftlichen Nutzen an die Stelle von Rendite. Dabei ist interessant, dass viele dieser Konzepte wieder an Vorläuferarbeiten ansetzen, die aus dem Zeitraum zwischen 1970 und 1990 stammen, etwa von Nicholas Georgescu-Roegen, Herman E. Daly, Dennis und Donella Meadows oder Elinor Ostrom. Besonders offenkundig wird das im Konzept der »Donut-Ökonomie« von Kate Raworth (2017), die reife Ideen mit Fakten aus der aktuellsten Forschung über planetare Grenzen zu einem populären Ansatz verbindet.

In die ökonomische Lehre an Schulen und Hochschulen oder in die Berufsausbildung haben diese pluralistischen Ansätze bislang kaum Eingang gefunden. Sicher, es gibt Bildungsorte, an denen man Ökonomie aus verschiedenen Perspektiven studieren kann, nicht zuletzt weil mehr und mehr Studierende das nachfragen, aber im Hauptstrom der ökonomischen Bildung wird eisern an den alten Postulaten festgehalten. Hier regiert noch immer der *homo oeconomicus*, dessen Wesenskern in Eigennutz, Optimierungsdenken und Kooperationsaversion besteht. Hier dominieren Abstraktionen und formalisierte Modellwelten. Und hier immunisiert man sich gern mit fragwürdigen Annahmen (*ceteris paribus*: unter sonst gleichen Bedingungen) gegen das Eindringen von allzu viel gesellschaftlicher oder gar politischer Realität in die Welt der »rationalen« Ökonomik.

Sicher lässt sich manchem der alternativökonomischen Konzepte der Vorwurf machen, es sei normativ sehr stark aufgeladen und gehe von einem Menschenbild aus, das nicht ohne weiteres als Regelfall angenommen werden kann. Schließlich ist nicht jeder Mensch permanent willens und in der Lage, sich bei jeder wirtschaftlichen Tätigkeit zu fragen, ob er damit dem Gemeinwohl dient oder nicht. Auch kann man sich angesichts des ausgeprägten Glaubens an die politische Steuerbarkeit der Wirtschaft in manchen Alternativkonzepten durchaus fragen, ob die historischen Lehren aus dem Scheitern der Zentralverwaltungswirtschaften und »Wirtschaftsräten« aller Provenienz wirklich adäquat berücksichtigt werden. Schließlich ist es kein Wunder, dass gerade progressive Reformer im Realsozialismus für eine »Symbiose aus Plan und Markt« plädierten, also für eine Mischung aus makroökonomischer Planung, einzelbetrieblicher Initiative und individuellen Freiheiten (so etwa Ota Sik, einer der ökonomischen Vordenker des »Prager Frühlings« von 1968). Und man kann manche der alternativen Protagonistinnen und Protagonisten auch mit der kritischen Einschätzung konfrontieren, ihre Ideen zielten nicht auf die Ordnung der Gesamtökonomie, sondern auf die Nische und die kleinen Kreise von »Erleuchteten«. Schließlich geht es bei der Bearbeitung der großen Umweltkrisen um schnelle und tiefgreifende Veränderungen auf breiter Basis.

All das und mehr kann man den Alternativen zur neoklassischen Standardökonomik durchaus fragend entgegenhalten. Aber um eine fruchtbare Auseinandersetzung der diversen ökonomischen Denkrichtungen zu ermöglichen, müssten sie in ihrer Pluralität erst einmal alle zur Sprache gebracht werden, in Parlamenten und Medien, in Schulen und Hochschulen, Betrieben und Gewerkschaften, Nachbarschaften und Initiativen. Die Monokultur, die heute in den Wirtschaftswissenschaften herrscht, steht dieser Notwendigkeit im Wege. Sie verhindert grundsätzliches Nachdenken über die Zukunft der Wirtschaft, ihre Organisation und Gestaltung. Das muss sich dringend ändern. Denn nichts ist alternativlos.

»Grüne Preisschilder« reichen nicht

Bezogen auf die hier behandelte ökologische Frage heißt das: Im Angesicht von Klimakrise, Biodiversitätskrise und aufziehender Wasser- und Bodenkrise sollte niemand ernsthaft glauben, das ökonomische System könne alles in allem so bleiben, wie es ist, nur müssten hier und da ein paar »grüne Preisschilder« aufgestellt werden. Ökologisch wahre Preise sind eine notwendige, aber bei weitem nicht hinreichende Bedingung für die sozial-ökologische Transformation, vor der wir als Weltgesellschaft stehen.

Es geht um größere Fragen, um die Wiedereinbettung der Ökonomie in Natur und Gesellschaft, ein neues Verständnis von (nicht nur wirtschaftlicher) Freiheit und Verantwortung im Angesicht harter planetarer Grenzen, kurz: ein Bild davon, wie wir in Zukunft leben wollen.

Wer das als Politisierung oder Ideologisierung der Ökonomie denunzieren will, mag das tun. Ich halte es für gesellschaftliche Klugheit. Wir sprechen gern davon, dass die Zukunft offen ist. Aber vor dem Hintergrund der ökologischen (und anderer) Krisen wird sie es immer weniger, wenn wir nicht endlich anfangen, vorsorgend zu handeln. Kurz: Wir brauchen eine nachhaltige Wirtschaft, keine Durchökonomisierung der Natur. In diesem Prozess das richtige Mischungsverhältnis aus Staat, Märkten und zivilgesellschaftlicher Selbstorganisation zu finden, bleibt eine Herausforderung, der wir uns immer wieder aufs Neue stellen müssen.

Literatur

Hayek, Friedrich August von (1944): The Road to Serfdom. Chicago: University of Chicago Press

Mises, Ludwig von (1940): Nationalökonomie. Theorie des Handelns und Wirtschaftens. Genf

Netzwerk Oekonomischer Wandel: Anders Wirtschaften jetzt! https://www.netzwerk-oekonomischer-wandel.org [Zugriff: 12.02.2021]

Raworth, Kate (2017): Doughnut Economics. Seven Ways to Think Like a 21st-Century Economist. London: Random House Business Books

Warum die Identität der Medizin durch die Ökonomisierung gefährdet wird

Giovanni Maio

Das ökonomische Tribunal in der modernen Medizin

Die moderne Medizin ist politisch gewollt zu einem Wirtschaftsbetrieb geworden, mit der Konsequenz, dass die Krankenversorgung nach dem Vorbild industrieller Produktion erfolgt und der kranke Mensch immer mehr aus dem Blickfeld verloren zu gehen droht. Die Tatsache, dass alle Krankenhäuser nur dann weiterexistieren dürfen, wenn Sie schwarze Zahlen schreiben, führt zu einem radikalen

Identitätswandel. Denn in einen solchen Verdrängungswettbewerb zueinander gestellt sind es nur die Erlöse, die am Ende über das Schicksal des Hauses entscheiden. Unter einem solchen Erlösdiktat wird aber die Orientierung der Heilberufe am Wohl des Patienten zu einem Anliegen, auf das es gar nicht mehr primär ankommt. In Anlehnung an Foucault ließe sich die neue Logik als ein ökonomisches Tribunal bezeichnen, weil alles, was man tut, nicht mehr primär von seiner konkreten Bedeutung für den Patienten, sondern nur noch unter dem Gesichtspunkt der Verwertbarkeit betrachtet wird. Im Grunde findet gegenwärtig eine Kapitalisierung der ärztlichen Tätigkeit statt mit dem impliziten Appell zur Übernahme einer ökonomischen Vorteilslogik, die sich schon vom Grundsatz her gegen das Soziale wendet. Denn wenn Ärzte für ihre Patienten da sein sollen und ihnen zugleich vom System beigebracht wird, gewinnwirtschaftlich zu denken, dann ist das ein Widerspruch in sich. Das ist der Grund, weswegen die meisten Ärztinnen und Ärzte die Ökonomisierung zunehmend als eine Sinnentleerung ihres Tuns empfinden. Sie spüren, dass sie als deklarierte Mitunternehmer dazu angehalten werden, ihr Können und ihre Arbeitskraft für etwas einsetzen, für das sie eigentlich nicht angetreten waren.

Innere Landnahme der Ärzte durch die Ökonomie

Ganz subtil schleicht sich ein neues Denken ein, das die Behandlung von Patienten unter neuen Kategorien erscheinen lässt. Fortan wird nicht mehr allein der Bedarf des Patienten reflektiert, sondern dieser Bedarf wird immer in Abgleich gebracht mit dem Ressourcenverbrauch und der Rentabilität der Diagnose. Das ist die leise Form der Unterminierung rein ärztlicher Entscheidungskategorien durch betriebswirtschaftliches Denken. Vor allem dort, wo teure Diagnostiken und Therapien anstehen, hat der Unternehmer, also die Krankenhausleitung und die Kostenträger, ein besonderes Interesse daran, diese Ausgaben zu kontrollieren. Ziel dabei ist es, sie so zu managen, dass sie steuerbar erscheinen, um keinem Verlustrisiko aufzusitzen. Das Management hat also die Aufgabe, die Ausgaben und Einnahmen der Klinik vorherzusagen und zu kontrollieren. Durch dieses starke Bestreben, ärztliche Entscheidungen zu steuern, wird aber eine Bürokratie eingeführt, die eine ökonomisch-rationale Herrschaft erzeugt. Durch diese Bürokratie als Steuerungsinstrument der Ärzte dominieren die Funktionserfordernisse, die Kreativität wird erstickt, die Rolle des Arztes als individuell dienende Person unterminiert.

Aus der Sicht der Organisation ist es vernünftig, hier zu steuern. Aber wenn diese Logik sehr wirkmächtig wird, dann gerät sie in ein Spannungsfeld mit der ärztlichen Logik. Der Arzt hat die Aufgabe, für seinen Patienten und mit ihm die bestmögliche Behandlung auszuwählen; ihm geht es um das beste Resultat für den Patienten. Hierbei ist der Arzt selbstverständlich angehalten, jedwede Verschwendung zu vermeiden, also dort kostengünstiger zu behandeln, wo damit der gleiche Effekt evoziert wird wie mit aufwändigen und teuren Verfahren. Wenn aber das Einsparen dazu führt, dass die Versorgung des Patienten Einschnitte erfährt, dann bereitet so eine Entscheidung dem Arzt vom Prinzip her Bauchschmerzen; er bekommt ein schlechtes Gewissen, weil er sich als Arzt primär als Verantwortlicher für das Wohl seiner Patienten verstehen möchte und nicht primär als Verantwortlicher für die ausgeglichene Bilanz des Krankenhauses, in dem er arbeitet. In der gegenwärtigen Situation der Krankenhäuser aber nimmt der Druck auf die Ärzte so zu, dass sie täglich spüren, ihrem eigentlichen Ziel, Anwalt des Patientenwohls zu sein, nicht mehr gerecht werden können. Häufig wird den Ärzten suggeriert, keine andere Wahl zu haben. Sie müssen dafür sorgen, dass die Bilanzen stimmen, weil sie ansonsten um die Zukunft des Hauses bangen müssen. Und wenn den Ärzten dieses Szenario oft genug ausgemalt wird, dann beugen sie sich und handeln so, wie es die Klinikleitung erwartet.

Das System funktioniert ganz ohne Druck. Das ist das Gefährliche daran. Die Krankenkassen und die Krankenhausleitungen machen gar keine klaren Vorgaben, aber durch die Abteilungsbudgets und durch die Transparenz der Erlöse werden die einzelnen Abteilungen automatisch und unterschwellig unter Druck gesetzt (vgl. Braun et al. 2009, 236). Man erpresst sie sozusagen, sagt aber, dass letztendlich die Ärzte selbst entscheiden sollen. Es ist also eine vorgegaukelte ärztliche Freiheit, die sukzessive durch die Rahmenbedingungen ausgehöhlt wird. Man tut so, als würde jeder Arzt eigenverantwortlich entscheiden, aber ihnen bleibt oft keine andere Wahl. Mehr noch: Das Präsenthalten der ökonomischen Zahlen wird sukzessive so selbstverständlich, dass die Ärzte schon gar nicht mehr merken, dass sie durch das System innerlich sozusagen umprogrammiert worden sind. Das ist vielleicht die folgenschwerste Veränderung durch die Ökonomisierung: Die Ärzte selbst verändern sich und machen Zug um Zug die eigentlich fremde Logik der Ökonomie zu ihrer eigenen. Ganz ohne äußere Verordnung übernehmen die Ärzte die ökonomische Logik und werden auf diese Weise von der Ökonomie innerlich gekapert. Das Gefährliche daran ist, dass die neue Wertehierarchie nicht einfach verordnet wird, sondern dass die Ärzte nur indirekt dazu gebracht werden, diese neue als Sachzwang ausgegebene Hierarchie so weit zu verinnerlichen, dass sie am Ende als eine freiwillige Übernahme in Erscheinung tritt.

Ökonomische Überformung der medizinischen Logik

Durch die Organisation der Krankenhäuser nach industriellen Gesichtspunkten erhalten die Ärzte Anreize, sich auf das Formale zu konzentrieren und die persönliche Betreuung ihrer Patienten und den zwischenmenschlichen Kontakt hintanstellen. Die Beziehungsqualität wird stillschweigend zum supererogatorischen Luxus erklärt, auf die es nicht zentral ankommt, weil es in einem Betrieb vor allen Dingen um Reibungslosigkeit und Schnelligkeit geht.

Unübersehbar folgt die Ökonomisierung der Medizin einem mechanistischen Menschenbild, das als Modell für alle Abläufe fungiert. Daher werden alle Abläufe so vorgeplant, dass die Ärzte das Gefühl erhalten, ihre eigentliche Aufgabe bestünde darin, ihre Patienten so schnell wie möglich und vorzugsweise nach Schema F durch die Klinik zu schleusen. In einem System, in dem es vor allem um Effizienz gehen soll, kann die Beachtung der Individualität eines Menschen zur Bedrohung werden, weil sie den schnellen Fluss des standardisierenden Machens unterbricht und sozusagen den ganzen Betrieb aufhält.

Je mehr ein Arzt in die Patientengeschichte investiert und sich persönlich engagiert, sich auf den Patienten einlässt, desto mehr gilt gerade dieser Arzt als betriebswirtschaftlich unvernünftig. Ärzte werden heutzutage jederzeit zur Rechenschaft gezogen. Sie müssen Rechenschaft darüber ablegen, ob sie die vereinbarten Leistungsziele erreicht haben und die Erlöse stimmen, aber nicht darüber, ob sie sich auf ihre Patienten wirklich eingelassen haben, ob ihre Patienten gut versorgt worden sind und man ihnen auch wirklich geholfen hat. So kann es vorkommen, dass ein Arzt, der sich den Patienten ganz widmet und sie zufrieden nach Hause entlassen kann, strukturell dennoch sanktioniert wird, weil er die ökonomischen Leistungszahlen nicht vorweisen kann.

Zu wenig wird berücksichtigt, dass das qualifizierte Handeln des Arztes eben nicht allein in der Anwendung von Regeln und Handlungsanleitungen besteht, sondern vielmehr in dem Bemühen, eine situationsspezifische, kontextgebundene und an der Lebenswelt des Patienten orientierte Antwort auf den Kranken zu finden, eine singuläre Antwort, die erst in der Begegnung mit ihm generiert wird. Es geht hier also nicht nur um die Qualität der Prozesse, nicht nur um das Messbare, sondern letzten Endes um die Qualität des Zuhörens, des In-Beziehung-Tretens, des Sich-einlassen-Könnens, die Qualität der Begegnung mit dem kranken Menschen als Menschen. Die Ökonomisierung führt zu einer Abwertung dieser nicht messbaren, aber unabdingbar notwendigen Qualitäten, die nicht zuletzt ärztliche Erfahrung erfordern. Ein funktionaler und zweckrationaler Zugang zum Patienten ist nur ein unzureichender Ersatz für Anerkennung,

Sorge, Anteilnahme – für einen Zugang, durch den der existentiellen Erfahrung der Hilfsbedürftigkeit angemessen Ausdruck verliehen werden muss.

Wettbewerbsfähigkeit als neues Qualitätskriterium

Durch das Fallpauschalen-System bekommt die Klinik für jeden Patienten sozusagen einen Stückpreis. Die Grundlage des Fallpauschalen-Systems ist es, die Patienten je nach Diagnose zu bepreisen. Der Umstand, dass der Patient nun genau kalkuliert wird, hat aber eine schwerwiegende Folge. Denn nun können die Krankenhäuser oder auch die einzelnen Abteilungen genau miteinander verglichen werden, was ihren Erlös betrifft. Sehr schnell wird es dann eben ertragreiche Abteilungen und weniger ertragreiche geben, was zu einem zunehmenden Druck auf die weniger ertragreichen führt, sich den anderen anzupassen, wenn sie nicht dem Rotstift zum Opfer fallen wollen. Und wenn sie dem Rotstift zum Opfer fallen, dann nicht etwa deshalb, weil diese Abteilungen unnötig oder weniger wichtig wären oder schlechte Arbeit geleistet hätten, sondern einzig und allein, weil ihre Patienten wenig ertragreiche Diagnosen haben. Hier sehen wir, wie ein neues Qualitätsmerkmal auftaucht: Erhaltenswert ist nicht länger, was einen wertvollen Beitrag zur Versorgung der Patienten leistet, sondern nur noch, was einen Beitrag zur finanziellen Konsolidierung leistet. Das ist ein großer Unterschied. Man kann es auch so sagen: Die Qualität einer Behandlung, einer Abteilung, eines Klinikums bemisst sich ... nicht länger daran, ob sie für den Patienten sinnvoll ist, sondern primär daran, ob sie im ökonomischen Sinn ertragreich ist. So wird das Soziale, wie schon Michel Foucault treffend ausgedrückt hat, einem permanenten »ökonomischen Tribunal« unterworfen (Foucault 2006, 343). Es ist nun das ökonomische Analyseprinzip, an dem sich alle Bewertungen in der Medizin ausrichten, und nicht primär das medizinische Prinzip. Heute betrachtet man den Wettbewerb als Lösung aller sozialen Probleme. Aber wenn nur noch der Wettbewerb, die Konkurrenz zählt, dann bedeutet dies, dass die unrentablen Teile eines Unternehmens abgestoßen oder einem anderen Träger überlassen werden, der kostengünstiger arbeitet (vgl. Speck 1999, 109).

Wirtschaftlichkeit kann also entweder dadurch erreicht werden, dass man die Beschleunigungs- und Rationalisierungstendenzen forciert oder sich auf die Disziplinen und die Patienten konzentriert, die ertragreich erscheinen. Je stärker der Verdrängungswettbewerb, desto größer die Gefahr, dass die weniger ertragreichen Patienten die ersten Verlierer sind. Wenn tatsächlich der Wettbewerb über alles entscheiden soll, dann kann es nicht länger um den Patienten an sich, um jeden Patienten gehen. Dann gibt es zwangsläufig erwünschte Patienten, d.h. rentable Patienten, die mit ihrer Krankheit einen hohen Erlös einbringen, und unerwünschte Patienten, mit deren Diagnosen man wenig Einkünfte erwirtschaften kann oder die durch den großen Aufwand als betriebswirtschaftliches Risiko wahrgenommen werden. Es gibt Patienten, um die man buhlt und Patienten, die man meidet. Aber eine Medizin, die Patienten meidet, kann sich doch nicht mehr Medizin nennen.

Entsolidarisierung von den Schwächsten

Eine gravierende Konsequenz all der beschriebenen strukturellen Veränderungen ist es, dass nur diejenigen Menschen in diesem auf Rentabilität und Effizienz ausgerichteten System berücksichtigt werden, bei denen man Geld verdienen kann. Alle anderen »Kunden«, die der Prozessualisierung nicht zugeführt werden können, werden exkludiert, aus dem Zuständigkeitsbereich ausgeschlossen. Ziel eines ökonomisierten sozialen Systems ist somit schon vom Ansatz her nicht die Integration eines jeden Menschen, sondern die Marginalisierung und mittelbar die Exklusion derjenigen, mit denen man keinen guten Output generieren kann. Auf diese Weise wird die Effizienz zum neuen Steuerungsmodell, während sich zugleich eine Verwertungsrationalität einschleicht, die sich am Ende gegen die Schwächsten richten wird. Denn unter der Herrschaft der Effizienzsteigerung wird nicht mehr die Frage leitend sein, wie man die ärztliche Betreuung verbessern kann, sondern vielmehr die Frage, wie man sich der Patienten entledigen kann, die die Effizienzsteigerung gefährden. Wenn zum Beispiel die verschiedenen Reha-Einrichtungen in Konkurrenz zueinander gesetzt werden mit der Drohung, dass die finanziell unterlegene Einrichtung aufgegeben werden muss, dann steht eben nicht mehr die Optimierung der Versorgung im Vordergrund, sondern die Optimierung des Outputs. Und ein Patient, bei dem man viel »investieren« muss, um nur eine geringfügige Besserung der Statistik zu erreichen, gilt in diesem System nicht mehr als sozialer Auftrag, dem man sich zu stellen hat, sondern als eine manifeste Bedrohung der »betrieblichen« Existenz.

Folglich werden genau die Menschen, die der ärztlichen und psychosozialen Hilfe am meisten bedürften, zuallererst marginalisiert, weil sich der Aufwand mit ihnen scheinbar nicht rechnet. Nicht rechnet innerhalb eines Systems, das nur Zahlen gelten lässt. In einem System, das sich eben nicht für die soziale Frage zuständig fühlt, sondern für die gute Bilanz. Stillschweigend wird auf diese Weise ein neuer Qualitätsbegriff eingeführt; es gilt nicht mehr die Einrichtung als gut, die dem Menschen helfen kann, sondern es wird nur noch die Einrichtung als gut befunden, die effizient arbeiten kann. Dass aber die Effizienz nur unter Ausklammerung der so genannten »aussichtslosen Fälle« gesteigert werden kann, wird kaum berücksichtigt.

Die Politik glaubt, dass über die Etablierung ökonomischer Begrifflichkeiten alle Probleme gelöst werden können, dass man aus Patienten Kunden machen kann. Und sie verkauft diesen neuen Kundenstatus mit dem Slogan der Freiheit für den Patienten. Dabei wird kaum bemerkt, dass sich hinter dieser Rede von Freiheit nicht weniger verbirgt als die Tendenz, alle Verantwortung dem Patienten überzustülpen. Wenn etwas schiefgeht, dann fällt das auf den Patienten zurück, weil er sich als mündiger Bürger nicht ausreichend informiert hat. Es wird kaum bemerkt, dass ein solcher euphemistisch verbrämter Umgang mit kranken Menschen nichts anderes darstellt als eine subtile Form der Entsolidarisierung von ihnen. Hinter dem schönen Begriff der Freiheit und der Mündigkeit verbirgt sich ein Rückzug des Sozialen und die Einführung einer neuen Patientengeneration, die einerseits dazu berechtigt wird, eine Anspruchshaltung einzunehmen, und andererseits gezwungen wird, als Patient fortan immer auf der Hut zu sein. Denn Kunde zu sein heißt, sich absichern zu müssen, dass man nicht das falsche Angebot annimmt oder »schlecht bedient« wird. Bedenken wir aber, dass gerade viele ernsthaft kranke Patienten grundsätzlich auf Hilfe angewiesene Menschen sind, die ihre Diagnose zunächst in eine Lebenskrise stürzt, so werden wir erkennen, dass dieses Paradigma des wohlinformierten Kunden hier nicht funktionieren kann. Solchen hilfsbedürftigen Patienten kann nicht zugemutet werden, in ihrer Not auch noch darauf achten zu müssen, nicht übervorteilt, vom Arzt sozusagen hintergangen zu werden, weil dieser sich berechtigt fühlt, zuerst an die Bilanz und nicht an den Patienten zu denken. Und mehr noch: Ein Kunde ist jemand, dem man nicht primär hilft, sondern dem man etwas verkaufen möchte. Ob einem kranken Menschen dadurch aber auch tatsächlich geholfen wird, ist nicht ausgemacht. Das wäre die letzte Konsequenz einer komplett ökonomisierten Medizin. Es wird dann nicht mehr primär und zentral und schon gar nicht mehr ausschließlich darum gehen, kranken Menschen zu helfen, sondern nur noch ums Verkaufen.

Und die Konsequenz ist dann auch: Geholfen wird nicht mehr allen, sondern nur noch denjenigen, bei denen es sich rentiert. Die Ausrichtung einer ökonomisierten Medizin besteht nicht mehr allein darin, gute Behandlungen vorzunehmen, sondern darin, eine gute Patientenselektion zu erreichen: Patienten zu akquirieren, die eine gute Bilanz versprechen, Patienten, die für eine gute Statistik taugen und denen man womöglich noch Zusatzleistungen anbieten kann. Am Ende würde die Medizin ökonomisch motiviert dazu tendieren, genau die Patienten von vornherein aus ihrem Fokus zu verbannen, die vielleicht der ärztlichen Betreuung am meisten bedürften. Hier zeigt sich ein Grundzug ökonomischen Denkens, denn für den Markt lohnt sich die Investition eben nur dort, wo man damit auch viel verrichten kann. Der Markt zöge die Versorgung derjenigen Patienten vor, die gut lösbare Probleme haben wie z. B. junge Menschen, die eine unkomplizierte Operation brauchen. Diejenigen, die in schwierigeren Problemlagen stecken, werden als zu risikoreich eingestuft und somit eher gemieden und marginalisiert. Die Hilfe für die Bedrängtesten wird durch die Ökonomie zur Verschwendung und damit zum Unnötigen umdefiniert.

Gerade dieser Aspekt macht nochmals deutlich, wie wichtig es ist, die Differenz von Wirtschaftlichkeit und Rentabilität im Auge zu behalten. Dass man in der Medizin das Kriterium der Wirtschaftlichkeit respektiert, ist ganz selbstverständlich, denn wenn dasselbe Ergebnis auch mit weniger Aufwand erreicht werden kann, ist es ethisch unverantwortlich, dafür mehr Ressourcen zu verwenden als notwendig. Aber die modernen Kliniken konkurrieren gar nicht so sehr um das Kriterium der Wirtschaftlichkeit, weil man mit Wirtschaftlichkeit allein den Verdrängungswettbewerb nicht gewinnen kann. Deswegen setzen sie immer mehr auf Rentabilität, was aber bedeutet, dass einem kranken Menschen nur noch dann geholfen wird, wenn man damit Geld verdienen kann. Rentabilität bedeutet also, dass man nicht mehr selbstverständlich hilft, sondern nur dann, wenn der Erlös größer ist als der Mitteleinsatz. Nicht umsonst spricht man in der Wirtschaft von einem *return on investment*. Das heißt also, dass unter dem Aspekt der Rentabilität die Patienten gar nicht danach sortiert werden, wie viel man ihnen helfen kann (denn das hätte ja immer noch etwas mit medizinischem Denken zu tun), sondern danach, wie viel Geld sie einbringen. Aber die Höhe des Erlöses ist eben nicht kongruent mit dem Maß der Effektivität von Hilfe. Das heißt nichts anderes, als dass eine Medizin, die gezwungen wird, nach Rentabilitätskriterien zu behandeln, ihr eigenes Selbstverständnis auf den Kopf stellen muss. Und dann stellt sich zwangsläufig die Frage, ob eine Rentabilitätsmedizin überhaupt noch den Namen Medizin verdient.

Schlussfolgerungen

Arzt zu sein heißt, sich einem gemeinwohlorientierten Ziel zu verschreiben und eben nicht nur privaten Interessen nachzugeben, seien es die partikularen Interessen der Klinikkonzerne, seien es aber auch die partikularen Interessen der Patienten, die den Arzt möglicherweise dazu benutzen wollen, um eigenen Profit zu schlagen oder um das System auszubeuten oder um sich selbst zu schädigen. Solange der Arzt sich Arzt nennt, bekennt er sich dazu, dem Gemeinwohl zu dienen. Gemeinwohlverpflichtung heißt nicht zuletzt, dass der Arzt seine vom Staat finanzierte Ausbildung nicht dazu missbrauchen darf, sie in den Dienst der Gewinnmaximierung zu stellen, weil das eine Zweckentfremdung wäre. Daher müssen Ärzte umso deutlicher markieren, dass sie als Vertreter öffentlicher Interessen nur dort und nur so arbeiten werden, wie es der Gemeinwohlorientierung ihres Berufs gerecht wird. Und es ist Aufgabe einer weitsichtigen Gesundheitspolitik, diese Gemeinwohlorientiertheit der Medizin strukturell zu sichern, statt sie dem Diktat der Gewinnmaximierung preiszugeben.

Der kranke Mensch erhofft sich, als Mensch Beachtung zu finden in der Medizin. Daher ist der Kontakt des Arztes zum Patienten, das Gespräch mit ihm, gerade kein betriebswirtschaftlicher Luxus, sondern der Kern ärztlicher Tätigkeit. Denn nur das Gespräch ermöglicht am Ende eine Entscheidung darüber, was gut für den Patienten ist, und nur das Gespräch kann den Weg für das weitere Vorgehen bahnen.

Es muss nach Möglichkeiten gesucht werden, wie dieses Gespräch und die psychosoziale Betreuung des Patienten wieder gestärkt und aufgewertet werden kann, damit Ärzte, die sich persönlich engagieren, nicht sanktioniert werden, sondern Wertschätzung erfahren. Gerade weil Patienten vulnerable, angewiesene Menschen sind, darf die Beziehung zu ihnen nicht einer Herrschaft des bloßen Formalismus und der betrieblichen Unpersönlichkeit geopfert werden. Stattdessen muss eine neue Kultur der Sorge gefördert werden, durch die es den Ärzten ermöglicht wird, in der Verbindung von professionellem Können und gelebter Mitmenschlichkeit den Patienten neu in den Mittelpunkt zu stellen. Daher muss allen Beteiligten wieder bewusst werden, dass ohne die Ermöglichung von Zuwendung und Zwischenmenschlichkeit auch die bestfunktionierende Medizin nicht wirklich eine humane Medizin sein kann.

Literatur

Braun, Bernhard/Buhr, Petra/Klinke, Sebastian/Müller, Rolf/Rosenbrock, Rolf (2009): Pauschalpatienten, Kurzlieger und Draufzahler – Auswirkungen der DRGs auf Versorgungsqualität und Arbeitsbedingungen im Krankenhaus. Bern: Huber Verlag

Foucault, Michel (2006): Die Geburt der Biopolitik. Frankfurt a. M.: Suhrkamp

Speck, Otto (1999): Die Ökonomisierung sozialer Arbeit. Zur Qualitätsdiskussion in Behindertenhilfe und Sozialer Arbeit. München: Reinhardt

Öffentlichkeit – der ewige Strukturwandel

Thomas Hauser

Es gibt Formulierungen, die lösen sich von ihrem Ursprung und führen ein Eigenleben bis zur floskelhaften Entleerung. Vom »Strukturwandel der Öffentlichkeit« ist heute nicht nur in den rar gewordenen gelehrten Salons die Rede, sondern auch in Talkshows oder Politikerstatements. Und irgendwie passt dieser Begriff in eine Zeit, in der Digitalisierung und Ökonomisierung auch die Kommunikation in einem Maße verändern, die Geschäftsmodelle klassischer Medienhäuser infrage stellt und global agierenden Datensammlern Geld und Macht in einem Ausmaß verschafft, das Freiheitsrechte nicht nur zentimeterweise sterben lässt. Die Digitalisierung bietet autoritären Gesellschaftsmodellen zudem bislang ungeahnte Überwachungsmöglichkeiten. Auf der anderen Seite öffnet diese Entwicklung – technisch und theoretisch – jenen Raum, in dem Bürgerinnen und Bürger sich im Ringen um das beste Argument selbst darauf verständigen, wie sie zusammenleben möchten, wie sie ihre Gesellschaft organisieren und entwickeln. Sie könnten also im Diskurs eine letztlich vernünftige öffentliche Meinung als Grundlage für politische Entscheidungen bilden. Genau dies beschreibt jenes Postulat von der diskursiven Öffentlichkeit, das der Soziologe und Philosoph Jürgen Habermas in seiner Habilitationsschrift *Strukturwandel der Öffentlichkeit* (1962) skizziert und später zu einer Theorie des kommunikativen Handelns weiterentwickelt hat. Die medialen Utopien der Linken hat Hans-Magnus Enzensberger acht Jahre später formuliert, als er davon träumte, dass jeder Empfänger ein potentieller Sender sein müsse, Medien kollektiv und nicht durch Spezialisten produziert werden und die gesellschaftliche Kontrolle durch Selbstorganisation geschehen solle (Enzensberger 1970). Hier scheinen bereits viele Ideale der Internet-Gründergeneration auf.

Habermas' Verdienst ist dabei die Identifizierung dieser bürgerlichen Öffentlichkeit selbst als notwendige Voraussetzung gelingender Demokratie, die begriffliche Klärung und ihre historische Herleitung. Und er beschreibt, wie Vermachtung und Ökonomisierung diesen öffentlichen Diskurs ersticken, zu einer Zeit allerdings, als dieser Diskurs – im Rückblick betrachtet – vor einer seiner raren Blütenzeiten stand.

Habermas selbst verortete die erste Blüte in die Entwicklungszeit des Kapitalismus im 18. und 19. Jahrhundert, als die Bürger nicht nur die Marktwirtschaft voranbrachten, sondern – mit dem dadurch gewonnenen Selbstbewusstsein – Fürsten und Königen auch politische Teilhabe abtrotzten. Damals, so Habermas, bildete sich die bürgerliche Öffentlichkeit überhaupt erst heraus. In Cafés, Clubs und den bürgerlichen Salons wurde diskutiert und gerungen, unzählige Zeitungen und Zeitschriften lieferten Themen und Fakten, deren Diskussion dann Meinungen und Forderungen hervorbrachten, die es politisch durchzusetzen galt. Es war die Zeit, als in ganz Europa um die Pressefreiheit gerungen wurde, weil immer deutlicher wurde, dass Demokratie und Marktwirtschaft sowohl öffentliche Institutionen (wie eine unabhängige Justiz oder Medien) als auch einen freien Zugang zu Informationen benötigen.

Der Blick zurück verleitet aber zu Idealismus. Denn die aufkommenden Massenmedien erreichten damals nur kleine Gruppen, auch wenn Lesegesellschaften die kleinen, teuren Auflagen zu einem etwas breiteren, aber noch immer exklusiven Publikum hin verlängerten. Und viele waren von diesem Diskurs schlicht ausgeschlossen oder wurden, wie die Frauen, in den kulturellen Salons bespaßt, während ihre Männer politisierten oder Geschäfte machten. Öffentlichkeit war also vor der Digitalisierung eine begrenzte, allenfalls annähernd repräsentative Öffentlichkeit.

Dass öffentlicher Diskurs zudem machtpolitische Begehrlichkeiten wecken und von Manipulatoren mithilfe von Propaganda und PR gekapert werden kann, darf ebenfalls nicht ignoriert werden. Mit Medien lässt sich sehr viel Geld verdienen und Politik machen. Dafür gibt es unzählige Beispiele, die bei Alfred Hugenberg in der Weimarer Republik beginnen und über Silvio Berlusconi in Italien bis zu den großen Internet-Konzernen in den USA und China reichen.

Im Schlepptau dieser Entwicklung zeigt sich ein zweites Grundproblem der Öffentlichkeit als Plattform für den demokratischen Diskurs. Wenn sich gut begründete Argumente gegen schlecht begründete durchsetzen sollen, braucht es informierte Bürgerinnen und Bürger, die in der Lage sind, zu argumentieren und nicht nur zu meinen. Das ist nicht nur eine Frage der Bildung, sondern auch des Zugangs zu Informationen. Das Problem der Information, so kritisiert zum Beispiel der Leipziger Medienwissenschaftler Michael Haller in einem Interview mit Hans Ulrich Probst (2012), habe Habermas aber nie interessiert. Dabei sei eine Keimzelle der modernen Öffentlichkeit der Kampf um Informationsfreiheitrechte gewesen (z. B. das Recht, in England über Parlamentsdebatten berichten zu dürfen).

Habermas hat sich mit der Kritik an seiner Theorie, insbesondere der von Niklas Luhmann wiederholt auseinandergesetzt, z. B. in der

Neuauflage des *Strukturwandels der Öffentlichkeit* von 1990 aber auch zu seinem 90. Geburtstag in einem langen Interview mit der Zeitschrift *Leviathan.* Sein zentrales Verteidigungsargument:

> »Die Diskursethik ist keine Handlungsanweisung, sondern eine Moraltheorie. Sie hat die Aufgabe, ein Moralprinzip zu begründen, also den Gesichtspunkt zu explizieren, unter dem Gerechtigkeitskonflikte *grundsätzlich* rational entschieden werden können.« (Habermas 2020, 14)

Aber schon fünf Jahre zuvor hatte er festgestellt:

> »Heute kann man sogar im Westen beobachten, wie demokratische Verfahren und Einrichtungen ohne eine funktionierende Öffentlichkeit zu bloßen Fassaden verkommen. Und politische Öffentlichkeiten funktionieren nur unter anspruchsvollen normativen Voraussetzungen. Vor allem dürfen die öffentlichen Kommunikationskreisläufe nicht von aller inhaltlichen Substanz entleert und von den tatsächlichen Entscheidungsprozessen abgekoppelt werden.« (Habermas 2014)

Wohlgemerkt: Damals war Donald Trump noch nicht Präsident der USA.

Herrschaftsfreier Diskurs als Utopie

Es scheint deshalb geboten, sich dem Thema noch einmal dialektisch zu nähern. Dabei fällt auf: Habermas' Öffentlichkeit setzt einen herrschaftsfreien Diskurs voraus, den es nach allem was wir über Gesellschaft wissen, nicht geben kann. Das heißt, Demokratie lebt von Voraussetzungen, die sie allenfalls annähernd erreichen kann. Das trifft auch Politiker, von denen Theo Sommer, der ehemalige Chefredakteur der Wochenzeitung *Die Zeit*, sagt: »Sie dürfen nicht daran verzweifeln, dass Politik immer Stückwerk bleibt, bestenfalls, um es mit Kant zu sagen, eine ins Unendliche fortschreitende Annäherung an den ersehnten Zustand.« (Sommer 2020) Das macht Demokratie zu einer permanent labilen Gesellschaftsform, die es immer wieder neu auszutarieren gilt. Sie setzt zudem Bürgerinnen und Bürger voraus, die willens und in der Lage sind, sich um diesen Diskurs zu bemühen. Konsumentinnen und Konsumenten sind das nicht.

Hinzu kommt: Um einen Disput um das beste Argument überhaupt führen zu können, müssen die zu verhandelnden Prozesse und Entscheidungen nachvollziehbar sein. Deshalb tagen Parlamente oder Gerichte in der Regel öffentlich. Zu beobachten ist aber zugleich eine Tendenz, immer mehr Sachverhalte oder Entscheidungen dem Licht dieser Öffentlichkeit zu entziehen, etwa weil durch sie angeblich Persönlichkeitsrechte oder Geschäftsgeheimnisse verletzt werden. Zudem werden viele Entscheidungen schon in nichtöffentlichen Ausschusssitzungen entschieden, das heißt, bevor sie dann im öffentlich tagenden Plenum diskutiert und abgestimmt werden. Auch dadurch verkümmert die demokratische Öffentlichkeit. Das heißt, Öffentlichkeit als Voraussetzung für rationalen Diskurs ist kein Zustand, sondern muss immer wieder neu geschaffen werden.

Wichtiger aber ist ein anderes Dilemma: Kein Mensch ist in der Lage, eine unbegrenzte Zahl von Informationen aufzunehmen und zu verarbeiten. Das gilt für Bürgerinnen und Bürger ebenso wie für den Staat oder die Wirtschaft und die dort arbeitenden Menschen. Moderne Gesellschaften, global vernetzte zumal, produzieren aber eine unübersehbare Zahl von Themen und Informationen. Die gilt es auf die relevantesten zu konzentrieren, um die wenigen Themen diskutieren und bearbeiten zu können, die eine Gesellschaft zu bewältigen in der Lage ist. Wir können nicht alle Probleme gleichzeitig wahrnehmen und diskutieren, schon gar nicht lösen. Die Arbeit der Informationsbeschaffung muss also geteilt und im richtigen Maße delegiert werden. Es bedarf unabhängiger Institutionen, die diesen Informationsstrom beobachten und das herausfiltern, was einer Verbreitung bedarf, um notwendige gesellschaftliche Diskussionen in Gang zu setzen oder argumentativ zu munitionieren – Dienstleister der Bürgergesellschaft sozusagen, Journalisten. Das war und ist die Begründung für die Existenz von Medienunternehmen, ob öffentlich-rechtlich oder privat organisiert.

In diesem Vorgang stecken Zumutungen. Die erste, größte, liegt in dem Wort »unabhängig«. Wenn richtig ist, dass es in Gesellschaften keinen herrschaftsfreien Raum geben kann, kann es auch keine im strengen Sinne unabhängigen Medien geben. Die Forderung, »unabhängig« zu sein, ist also auch »nur« ein moraltheoretisches Postulat, die Annäherung daran eine permanente Herausforderung. Journalisten können die Aufmerksamkeit auf die richtigen aber auch auf unwichtige Themen lenken. Sie können zielführende oder verwirrende Argumentationsspuren legen. In ihrer Gründungszeit war die Antwort der Massenmedien auf diese Herausforderung pragmatisch. Sie waren entweder Generalanzeiger und damit weitgehend meinungsfrei oder sie waren explizit Meinungsmedien. Bis heute genießen privat geführte Medien einen Tendenzschutz, der ihren Verlegern das Recht gibt, die Tendenz der von ihnen publizierten Medien zu bestimmen. Das war lange unproblematisch: Medien waren Organe des Bürgertums in der Auseinandersetzung mit dem Obrigkeitsstaat und sorgten für die Verbreitung jener Informationen, die diese Bürger für ihre Geschäfte benötigten. Und es gab viele Zeitungen oder Zeitschriften mit höchst unterschiedlichen Grundhaltungen, wenn auch kleinen Auflagen. Sie erfüllten ihren Zweck, Gleichgesinnte für die Auseinandersetzung um gemeinsame Ziele zu informieren und zu mobilisieren. Und sie waren immer beides: Organe für den Kampf gegen staatliche Willkür und zur Stabilisierung der gesellschaftlichen Verhältnisse.

Die Entwicklung zeigt aber, dass Medien zu Propagandazwecken oder zur bloßen Geschäftemacherei missbraucht werden können. Habermas kommt in *Strukturwandel der Öffentlichkeit* auch deshalb zu der düsteren Vision, dass diese Öffentlichkeit durch die Machtkonzentration in immer weniger Verlagen und die Dominanz ökonomischer Prinzipien bei der Führung dieser Unternehmen zerstört würde. Paul Sethe, einer der Gründungsherausgeber der *Frankfurter Allgemeinen Zeitung* prägte einst den Satz: »Pressefreiheit ist die Freiheit von 200 reichen Leuten, ihre Meinung zu verbreiten.« (Sethe 1965) Diese Zahl steht heute nur noch auf dem Papier und aus den »reichen Leuten« sind Kapitalgesellschaften mit zweifelhafter Haftung geworden. Von einem Newsroom in Hannover werden über 40 Lokalzeitungen des Redaktionsnetzwerkes Deutschlands gesteuert und gestaltet. Ähnlich sieht es in der Zentrale der Funke-Mediengruppe in Essen aus und in Baden-Württemberg gibt es kaum noch Zeitungen, die nichts mit der Südwestdeutschen Medienholding (SWMH) zu tun haben. In der Wirklichkeit lauerten und lauern zudem noch ganz andere Gefahren.

Blütezeit trotz Konzentration

Dieser vielfältige Strukturwandel und die Digitalisierung der Medienöffentlichkeit hat Habermas wohl veranlasst, seine Einschätzung in der Neuauflage seines Standardwerkes 1990 zu relativieren. In der Zeit dazwischen waren einige Entwicklungen zu beobachten, die eine solche Revision nahelegen, andere, die seine ursprüngliche Einschätzung eher stützen – was nur beweist, dass Medien in demokratischen Gesellschaften komplexer und zugleich anfälliger für Missstände und Fehlentwicklungen sind, als moraltheoretische Postulate dies abbilden können. In den Jahrzehnten nach der Erstveröffentlichung des *Strukturwandels* lässt sich nicht nur in der Bundesrepublik eine Blütezeit des kritischen und investigativen Journalismus beobachten, der aber auch schon den Kern der späteren Legitimationskrise in sich trug. Diese Entwicklung lief parallel zu einer massiven Politisierung der Bürgergesellschaft. Es war dies die Zeit der Bürgerinitiativen, der Demonstrationen, der Aktionen bürgerlichen Ungehorsams wie Hausbesetzungen oder der Besetzung von Bauplätzen geplanter Kernkraftwerke, eine Zeit aber auch, in der sich der Protest bis hin zum Terrorismus der Roten Armee Fraktion (RAF) radikalisierte.

Nicht nur im Nachrichtenmagazin *Der Spiegel*, sondern in vielen Zeitungsredaktionen, aber auch im öffentlich-rechtlichen Rundfunk und Fernsehen, entwickelte sich ein Selbstbewusstsein, das den aufbrechenden demokratischen Diskurs in einer Art befeuerte, die den Überzeugungen des konservativen Bürgertums und denen ihrer mehrheitlich konservativen Verleger zuwiderlief. Dass dies geschehen konnte, lässt sich damit begründen, dass diese aufklärerische Tendenz dem Zeitgeist entsprach und den Geschäften der Verleger nicht schadete. Auflagen, Werbeeinnahmen und Gewinne der Medien wuchsen kontinuierlich. Dies ließ auch die Redaktionen kräftig wachsen. Viele zusätzliche Stellen entstanden, was zeigt, dass Medien, denen es wirtschaftlich gut geht, sich tendenziell auch kritischeren und besseren Journalismus leisten können. Gründliche Recherche braucht Zeit, Personal und Mobilität. Alles drei aber sind Kostentreiber. Publizistischer Erfolg aber macht Redaktionen unabhängiger gegenüber Verlagen und diese weniger leicht erpressbar durch Anzeigenkunden und politisch organisierte Leser.

Den Redaktionen half zudem der Umstand, dass viele Verleger zum Teil noch aus eigener leidvoller Erfahrung im Dritten Reich wussten, was der Verlust von Meinungsfreiheit in den Medien für die Pressefreiheit insgesamt bedeutet. Das heißt, sie schätzten auch den Wert der inneren Pressefreiheit, also der Unabhängigkeit der Redaktion gegenüber dem Verlag. Dieses für den demokratischen Diskurs wichtige Prinzip ist aber nur in den wenigsten Verlagen institutionell verankert, eine gesetzliche Regelung ist bislang gescheitert. Spätestens seit der Spiegel-Affäre 1962 gab es in der Gesellschaft aber eine hohe Sensibilität für jede Form von Einflussnahme auf die Berichterstattung. Im öffentlich-rechtlichen Rundfunk war diese Sensibilität noch wirksamer öffentlich zu instrumentalisieren, weil es hier schon im Gründungsauftrag um Staatsferne, also die Unabhängigkeit von politischen Einflüssen ging. Die öffentlich-rechtlichen Medien verdanken ihre Existenz schließlich im Wesentlichen dem Umstand damals begrenzter Übertragungsfrequenzen, die nur eine Binnenpluralität des Angebots, keine Vielfalt der Anbieter ermöglichte.

Diese Erfolgswelle des kritischen Journalismus in den 70er- und 80er-Jahren hat aber zu Übertreibungen, Selbstüberschätzungen und Fehlentwicklungen geführt, die spätestens dann die Legitimation der klassischen Medien untergruben, als ein kritisch gewordenes, zum Teil grundsätzlich demokratiekritisches Publikum durch das Internet die Chance hatte, deren Arbeit zu überprüfen, und (mehr oder weniger glaubwürdige) Alternativen fand. Dabei ist ein Großteil dieser Fehlentwicklungen wesentlich auf die Technisierung der Redaktionen und eine Ökonomisierung des Denkens und Handels in den Redaktionen als Antwort auf eine schleichende ökonomische Auszehrung zurückzuführen. Die Technisierung begann in der Presse mit der Einführung des Fotosatzes in den achtziger Jahren, als zunächst die Arbeit der Setzer, dann der Metteure (Seitenbauer), Bildbearbeiter und Korrektoren zum Teil durch Technik ersetzt, zu einem beträchtlichen Teil aber in die Redaktionen verlagert wurde. Redakteure wurden also zu Hilfstechnikern. Das hat die Arbeit beschleunigt, verändert und die Zeit für Recherche verknappt. Eine Folge waren verstärkt Geschichten statt harter Informationen, eine andere verstärkt Meinungen statt Argumente.

Der Strukturwandel der Jahrtausendwende

Der technische Wandel fiel in das Ende der ökonomisch goldenen Jahre für Verlage. Seit Mitte der 90er-Jahre sinken die Auflagen und seit dem Platzen der Dotcom-Blase an den Börsen 2001 gehen auch die Anzeigenerlöse dramatisch zurück. Die Logik der Digitalisierung legte hier einen fatalen Ausweg nahe, der die Legitimation unabhängiger Medien seither weiter untergräbt: Sie bot die Chance, das Nutzerverhalten der Leserinnen und Leser in Echtzeit zu analysieren und darauf zu reagieren. Die Folge: Die Newsrooms orientierten ihre Arbeit immer häufiger an der Frage, was man dem Leser, der Leserin anbieten müsse, um diese »zu loyalisieren«, sprich bei der Stange zu halten, als daran, was sie wissen müssen, um ihre Rolle als Bürger und Teil der Öffentlichkeit verantwortungsvoll ausüben zu können. Die Folge sind nicht nur die zahllosen Push-Meldungen mit nur selten wirklich relevantem Inhalt, die alle Nachrichtenmedien heute anbieten, sondern auch zahllose Newsletter und Special-Interest-Angebote, in denen ohnehin vorhandene Texte, Bilder, Audios und Videos meist nur für die jeweiligen Zielgruppen neu gemischt werden. Die Leserinnen und Leser werden also zu Konsumenten. Und aus Informationsmedien werden zunehmend Unterhaltungsmedien.

Bei den öffentlich-rechtlichen Medien begannen die Probleme mit der Zulassung privater Fernseh- und Rundfunksender und dem damit einhergehenden Quotendruck. Viele journalistisch anspruchsvolle Angebote landen seither auf unattraktiven Sendeplätzen oder in den Spartensendern. Der Spardruck folgte hier später, nicht aus ökonomischen Gründen, sondern politisch veranlasst.

Parallel dazu gab es eine massive Aufrüstung im Bereich Public Relations und Lobbyismus. Firmen, Parteien, Organisationen und Institutionen beschäftigten in diesem Bereich nicht nur immer mehr und immer besser ausgebildete Stäbe, sondern bringen ihre Botschaften immer häufiger direkt an die Bürgerinnen und Bürger, Konsumentinnen und Konsumenten. US-Präsident Donald Trump ist da mit seinen Tweets nur ein besonders prominentes Beispiel. Dabei werden die Grenzen zwischen Journalismus, PR und Propaganda absichtsvoll verwischt. Werbefilme sind heute ästhetisch und handwerklich kaum mehr von Spielfilmen, PR-Magazine von Illustrierten zu unterscheiden. Es bedarf schon grundsätzlich kritischer Informiertheit, um die Unterschiede herauszulesen. Zumal auch in journalistischen Produkten die einstmals strikte Trennung zwischen Journalismus und PR nicht immer durchgehalten wurde und wird.

Man muss diese Entwicklung beschreiben, weil sie weit dramatischeren Veränderungen der Öffentlichkeit in Wirtschaft, Politik und Gesellschaft entgegen lief, deren Folgen bis heute noch nicht abschließend zu beurteilen sind. Mit dem Internet begann das, was nicht nur Habermas als die dritte mediale Revolution der Menschheitsgeschichte – nach Einführung der Sprache und der Erfindung des Buchdrucks – bezeichnet. Konnten ursprünglich nur wenige mit wenigen kommunizieren, durch den Buchdruck dann einige mit vielen, so kann in der digitalen Welt heute jeder und jede mit geringem technischen und finanziellen Aufwand theoretisch mit allen kommunizieren. Wenn aber jeder und jede Informationen produzieren und verbreiten kann, braucht es dann noch professioneller Medien als Dienstleister der Bürgergesellschaft? Kann nun jene Öffentlichkeit entstehen, die Habermas als Voraussetzung für gelingende Demokratie postuliert, ein herrschaftsfreies Ringen, bei dem am Ende das beste Argument siegt? Nicht nur Netzaktivisten hofften das und arbeiteten daran. Warum wir uns trotzdem von diesem Traum in Riesenschritten entfernen, muss deshalb näher betrachtet werden.

Zunächst muss festgehalten werden, dass technologische Entwicklungen an sich politisch systemneutral sind. Wem sie nützen, hängt wesentlich davon ab, wer über sie verfügt und wie über sie verfügt wird. Habermas beschreibt die Entwicklung so:

> »Mit diesen jeweils neuen Medien haben immer mehr Personen zu immer vielfältigeren und dauerhaft gespeicherten Informationen einen immer leichteren Zugang gefunden. Mit dem letzten Schub hat auch eine Aktivierung stattgefunden – aus Lesern werden Autoren. Aber die Errungenschaften einer politischen Öffentlichkeit folgen daraus nicht automatisch. Im 19. Jahrhundert sind mithilfe des Zeitungsdrucks und der Massenpresse in großflächigen Nationalstaaten Öffentlichkeiten entstanden, in denen die Aufmerksamkeit einer unübersehbar großen Zahl von Personen zur gleichen Zeit auf dieselben Themen gelenkt worden ist. Das sind die zentrifugalen Bewegungen, die wir nun auch im Web beobachten. Das Netz bringt diese Leistungen aber nicht aus sich selbst hervor, im Gegenteil: Es zerstreut. Denken Sie an die spontan auftauchenden Portale, sagen wir: für hochspezialisierte Briefmarkenfreunde, Europarechtler oder anonyme Alkoholiker. Solche Kommunikationsgemeinschaften bilden im Meer der digitalen Geräusche weit verstreute Archipele – vermutlich gibt es Milliarden davon. Diesen in sich abgeschlossenen Kommunikationsräumen fehlt das Inklusive, die alle und alles Relevante einbeziehende Kraft einer Öffentlichkeit. Für diese Konzentration braucht man die Auswahl und kenntnisreiche Kommentierung von einschlägigen Themen, Beiträgen und Informationen. Die nach wie vor nötigen Kompetenzen des guten alten Journalismus sollten im Meer der digitalen Geräusche nicht verloren gehen.« (Habermas 2014)

Wichtig ist, dass die Digitalisierung der Medien auf eine Ökonomisierung des Denkens traf und diese unterstützte. »Der digitale Marktplatz«, so schreibt Habermas, »bedurfte keiner Deregulierung, er entsprach von Anbeginn neoliberalen Vorstellungen.« (Habermas 2020, 17). Die deregulierten Weltmärkte konnten sich also ungehindert und hemmungslos der neuen Möglichkeiten bedienen. Den global agierenden Internetkonzernen kamen dabei einige Besonderheiten dieses neuen Marktes zugute. Die Technik ist grenzenlos attraktiv und weltweit einzusetzen. Sie erlaubt irrwitzige Renditen nach dem Aldiprinzip: »Große Stückzahlen, kleine Margen«. Sie liefert Dienstleistung gegen Daten, was Konsumenten zu dem Irrglauben verleitet, sie bekämen etwas anstrengungs- und kostenlos. Sie ermöglicht zugleich von jedem und jeder unbegrenzt Daten abzugreifen, mit denen sich Verhaltensmuster von Menschen erstellen lassen, die diese als Konsument wie als Bürger manipulierbar werden lassen. Und sie erlaubt es, Angebote technisch so zu gestalten, dass Nutzerinnen und Nutzer abhängig gemacht werden können. Was als merkantile Geldmaschine konzipiert wurde, erwies sich nebenbei als Waffe für Demokratiefeinde, Populisten oder Verschwörungsmythiker. Digitale Angriffe auf die Freiheit sind, so betrachtet, letztlich Kollateralschäden hemmungsloser Gier unregulierter Märkte.

Öffentlichkeit in Zeiten des Medienmix von Babel

Dies liegt auch daran, dass diese Entwicklung auf demokratische Gesellschaften trifft, in denen sich nicht nur die politische Öffentlichkeit in einem Medienmix von Babel auflöst, in dem alle reden, aber niemand zuhört. Auch die politische Kultur wirkt ausgezehrt. Das Parlament ist derzeit weniger selbstbewusstes Zentrum der politischen Willensbildung des demokratischen Souveräns als Zustimmungsorgan für Regierungshandeln. Die Exekutive führt die Legislative, nicht nur in Krisenzeiten. Das heißt, der Staat ist mehr Herr als Diener seiner Bürgerinnen und Bürger. Die freilich sehen im Staat einen Dienstleister, der ihnen alle Wechselfälle des Lebens vom Hals zu halten und für alle Probleme Lösungen zu finden hat. Sie treten ihm als fordernder Konsument gegenüber, wobei jeder und jede seine und ihre Partikularinteressen als Gemeinwohl interpretiert und lautstark bis unflätig über die neuen medialen Möglichkeiten einfordert. Das heißt, wir beobachten eine Überbetonung des Eigeninteresses und eine schwindende Bereitschaft, womöglich sogar Fähigkeit, eine gesamtgesellschaftliche Perspektive einzunehmen.

Die Funktion des politischen Diskurses wird immer öfter in Talkshows, an Lobbyisten und Demoskopen ausgelagert. Regierende nehmen Öffentlichkeit verstärkt über inszenierte Debatten, die Ergebnisse von scheinbar repräsentativen Befragungen oder über die Reaktion »der Märkte« wahr, die bei Licht betrachtet lediglich Verhaltensweisen überwiegend professioneller und damit ausschließlich gewinnorientierter Börsenspekulanten abbilden. Die demokratische Öffentlichkeit droht zur Inszenierung zu verkommen, in der es nicht um das beste Argument, sondern um den nachhaltigsten Einfluss geht. Wohin das führen kann, lässt sich in China oder Russland beobachten, aber abgeschwächt auch im Mutterland der Demokratie, Großbritannien, oder in den USA: Die Öffentlichkeit wird gegen sich selbst gewendet, sie wird zur Gewinnmaximierung in Privatunternehmen oder zur scheindemokratischen Legitimierung der Macht von Staaten missbraucht. Sie kann auch zur Destabilisierung von Staaten und Gesellschaften genutzt werden, dann, wenn Bots als Waffe im Kampf um globale Vorherrschaft eingesetzt werden. Zum Beispiel, um sich in den Wahlkampf konkurrierender Staaten einzumischen, oder als Mittel, im Kampf um globale Macht gegnerische Staaten zu schwächen.

Die Entwicklung der Öffentlichkeit zeigt, was passiert, wenn Macht nicht oder nicht ausreichend kontrolliert und reguliert wird und die unterschiedlichen Gewalten ihre Rollen nicht ausreichend wahrnehmen. Hier, so sagt Habermas. »zeigt sich die Schwäche der politisch fragmentierten Welt der Nationalstaaten gegenüber den funktionalen Imperativen deregulierter Weltmärkte« (Habermas 2020, 7). Der niederländische Schriftsteller Ian Buruma hat diese Gefahr als »autoritäre Technokratie« (2005) beschrieben, in der – so analysierte es der liberale Soziologe Ralf Dahrendorf – die Wohlstandsversprechen des Marktes mit der autoritären Perfektionierung des Planes verbunden werden sollen. »Wohlstand ohne Politik«, eine »angeblich wohlwollende Herrschaft von Eliten, die für sich moralische und politische Autorität in Anspruch nehmen und ihre Untertanen in Ruhe lassen, solange die nicht Meinungsfreiheit oder politische Teilhabe verlangen.« (Dahrendorf 2006, 214) Dieses Modell passt perfekt zum ökonomischen Denken der Internetwirtschaft, in der es vor allem darum geht, schnell und flexibel zu sein. Die langsam mahlenden Mühlen der Demokratie sind da lästige Hemmschuhe, die es abzustreifen gilt. »Die erwähnten Anzeichen für einen strukturellen Zerfall der Öffentlichkeit und für die Aushöhlung der liberalen politischen Kultur«, so analysiert Habermas, »sind ja vor allem deshalb so beunruhigend, weil ich mir eine sozialstaatliche und ökologische Zähmung des Kapitalismus ohne staatliche Interventionen, gesteuert von einer halbwegs funktionierenden Demokratie nicht vorstellen kann.« (Habermas 2020, 21)

Wer die aktuelle Lage der Öffentlichkeit analysiert, kann deshalb, um es mit dem Kabarettisten Werner Schneyder zu formulieren, von »jeder Zuversicht geheilt« sein. Er kann sich aber auch mit der Weisheit der Fische trösten: »Nur wer den Haken kennt, entgeht dem Angler.« Oder, wer es philosophisch mag, kann sich auf die Aufklärung konzentrieren, die, so Immanuel Kant, »der Ausgang des Menschen aus seiner selbstverschuldeten Unmündigkeit« ist. Heute heißt das, der Mensch muss nach Ausgängen aus dem selbstverschuldeten Konsumentendasein suchen. Mit diesem Fokus fällt der Blick auf zahllose Initiativen, die zeigen, dass die Bürgergesellschaft nicht nur in Deutschland durchaus vital, aber zersplittert ist. Er trifft auch auf die Gegenreaktionen der Gesellschaft in den USA auf die Politik Präsident Donald Trumps, wo Medien – wie die *New York Times* oder die *Washington Post* – ihre eigentliche Funktion wieder ernster nehmen und dafür geschätzt werden. Auch in Deutschland gibt es dafür Ansätze über diverse Recherchenetzwerke, die aber leider oft zulasten der Medienvielfalt gehen.

Die Suche nach Gegenstrategien

Voraussetzung für eine wirksame Gegenstrategie ist, dass der freiheitsorientierte Teil der Internetöffentlichkeit seine Abneigung gegen Regulierung überwindet, den Staat als verbündeten Dienstleister begreift und ihn in die von Habermas beschriebene Rolle zwingt. Auch gilt es, den Nutzen transnationaler Organisationen – bei aller gebotenen Skepsis gegenüber dem Alltag in den real existierenden – zu erkennen und zu stärken.

Zentral dürfte die Herausforderung sein, die Fülle der Informations- und Meinungsinseln von unten beginnend zu digitalen Foren einer neuen Öffentlichkeit zu vernetzen. Die Technik bietet dafür alles, der Markt theoretisch auch. Das leider unterschätze Projekt des britischen Historikers Timothy Garton Ash, *Free Speech Debate* (dt. 2016), öffnet dabei den Blick auf die globalen Herausforderungen.

Schließlich bedarf es der Rückbesinnung auf einfache Einsichten, zum Beispiel, dass Andersdenkende grundsätzlich recht und man selbst unrecht haben könnte. Hilfreich wäre auch die Kenntnis des demokratischen Grundprinzips, dass es für die Durchsetzung von Interessen politischer Mehrheiten bedarf. Die können sich bei Wahlen und Abstimmungen aber nur dann herausbilden, wenn möglichst viele einer Meinung sind (was freiwillig immer seltener vorkommen dürfte) oder wenn viele bereit sind, Kompromisse einzugehen und mit ihnen zu leben. Das heißt, man muss nach Verbündeten suchen – in der Gesellschaft, in der Politik und in den Medien. Dabei stellt sich wahrscheinlich heraus, dass die Marktschreier, die den digitalen Diskurs scheinbar dominieren, der Zahl nach tatsächlich schwächer sind, als ihre Lautstärke vermuten lässt.

Literatur

Buruma, Ian (2005): The Indiscreet Charm of Tyranny. In: The New York Review of Books, 12.05.2005 https://www.nybooks.com/articles/2005/05/12/the-indiscreet-charm-of-tyranny/ [Zugriff: 23.02.2021]

Dahrendorf, Ralf (2006): Versuchungen der Unfreiheit. Die Intellektuellen in Zeiten der Prüfung. München: Fröhlich & Kaufmann

Enzensberger, Hans Magnus (1970): Baukasten zu einer Theorie der Medien. In: Ders., Kursbuch 20, Frankfurt a. M.: Suhrkamp, S. 159–186

Garton Ash, Timothy (2016): Redefreiheit, Prinzipien für eine vernetzte Welt. München: Hanser

Habermas, Jürgen (1962): Strukturwandel der Öffentlichkeit, Untersuchungen zu einer Kategorie der bürgerlichen Gesellschaft. Neuwied/Berlin: Luchterhand (16. Aufl. 1990, Frankfurt a. M.: Suhrkamp)

Habermas, Jürgen (2014): Die Lesarten von Demokratie. Interview mit Markus Schwering. In: Berliner Zeitung, 16.06.2014

Habermas, Jürgen (2020): Moralischer Universalismus in Zeiten politischer Regression. In: Leviathan 48 (1), S. 7–28

Kant, Immanuel (1784): Beantwortung der Frage: Was ist Aufklärung. In: Berlinische Monatsschrift 12, S. 481–494

Probst, Hans Ulrich (2012): Gespräch mit Michael Haller über Habermas' Buch »Strukturwandel der Öffentlichkeit«, DRS-Interview. https://www.youtube.com/watch?v=gKKh62iTWus [Zugriff: 23.02.2021]

Sethe, Paul (1965): Leserbrief. In: Der Spiegel, 05.03.1965

Sommer, Theo (2020): »Geweint nie, eher gewettert«. In: Die Zeit, 10.06.2020, S. 7

Wohnen – Zwischen Rendite und Gemeinwohl

Tilman Harlander

Wohnen ist ein Grundbedürfnis, dessen Befriedigung zu den elementaren und für den sozialen Frieden und Zusammenhalt zentralen gesellschaftlichen Aufgaben gehört. Hierüber besteht weithin Einigkeit. Doch wie viel Staat und wie viel Markt sind dabei nötig, wie viel Wettbewerb und wie viel Daseinsvorsorge? Geradezu schubartig durch die Coronakrise verstärkt, haben sich in diesen Fragen die Koordinaten verschoben – der Nimbus der Überlegenheit der Marktkräfte hat stark gelitten, der lenkende, sorgende Staat hat wieder Konjunktur. In der Corona-Krise sei, so formuliert es das Wuppertal-

Institut (2020, 3) in einer Art »Zeitenwende« eine »ungeahnte Gestaltungskraft des Staates« zu Tage getreten. Gemeinsinn, nachbarschaftliche Solidarität, der urbane Nahraum und lokale Kreislaufwirtschaft hätten einen zukunftsweisenden Bedeutungsgewinn erfahren. Auch der Blick auf das Wohnen hat sich tiefgreifend verändert. Dabei war gerade die Wohnungspolitik seit den 1980er Jahren immer deutlicher durch Deregulierung und staatlichen Rückzug geprägt. Wohnungspolitische Fragen und Auseinandersetzungen waren über Jahrzehnte hinweg ins politische Abseits gerückt.

Der Immobilienboom ...

Dies änderte sich erst mit dem auf die globale Finanzkrise 2008 folgenden und nunmehr seit über zehn Jahren anhaltenden Immobilienboom. Er veränderte die Lage auf den Wohnungsmärkten drastisch und ließ den Ruf nach einer Wohnungspolitik lauter werden, die gegensteuert und die Schwächen des Marktes kompensiert. Dabei ist Deutschland in dieser Frage ein gespaltenes Land: Wohnungsengpässen und neuer Wohnungsnot in den Wachstumsregionen stehen in den Schrumpfungsräumen und ländlichen Gebieten vielfach Leerstände gegenüber. Vor allem in den Groß- und Universitätsstädten, längst aber auch in vielen Klein- und Mittelstädten gibt es teils horrende Preissprünge bei Mieten und Kaufpreisen. Die Gründe sind vielfältig: Zu nennen sind die anhaltende Niedrigzinspolitik (»Flucht ins Betongold«) und der wachsende Nachfragedruck durch internationale Investoren. Generell sind die Städte als Wohnstandorte wieder attraktiver geworden (»Reurbanisierung«) und der Wohnflächenkonsum steigt (2019: 47 m^2/Person). Hinzu kommen schließlich die in dieser Höhe ungeahnten Zuwanderungsgewinne (EU-Zuwanderer und Geflüchtete). Seit geraumer Zeit warnen angesichts der schier unaufhaltsamen Dynamik dieser Entwicklung Fachleute, darunter auch die Bundesbank, vor einer gefährlichen Blasenbildung.

Falls es diese Blasenbildung in Deutschland bei den hier geltenden, relativ restriktiven Kreditvergaberichtlinien überhaupt gibt, so hat auch die Corona-Pandemie – und die mit ihr einhergehenden beziehungsweise noch zu erwartenden Einkommensrückgänge durch Kurzarbeit, Arbeitslosigkeit und Insolvenzen – diese Blase bis Ende 2020 nicht zum Platzen gebracht. Die Preise für Häuser und Eigentumswohnungen steigen weiter, die Nachfrage übersteigt das Angebot bei weitem. Auch bei den Mieten wird sich der Anstieg allenfalls verlangsamen (empirica Immobilienpreisindex II/2020).

... und seine Folgen

In städtebaulicher, sozialer und verteilungspolitischer Hinsicht werden die gravierenden Folgen dieser Entwicklung erst nach und nach deutlich. Gebaut werden bevorzugt hochpreisige Eigentumswohnungen mit hohen Gewinnmargen. Besonders beliebt sind bei Investoren gerne als »Gärten«, »Residenzen«, »Parks« oder »Höfe« apostrophierte, häufig in neotraditionalistischen Architekturstilen designte Luxusresidenzen und abgeschottete Wohnkomplexe, in deren massenhaftem Bau sich auch baulich-räumlich immer deutlicher ein gefährliches Auseinanderdriften der Stadtgesellschaften manifestiert. Es sind dies in aller Regel keine eigentlichen *Gated Communities*, aber doch zumeist mit städtebaulichen Mitteln »abgeschirmte« Projekte – gleichsam »Implantate« in das Stadtganze, die sich nicht in die Umgebung einfügen, sondern allein auf sich selbst rückbezogen sind. Sie partizipieren, wie dies der Tübinger Baubürgermeister Cord Soehlke ausgedrückt hat, von dem sie umgebenden Kiez, »geben aber der Stadt nichts zurück«.

Der hochpreisige Eigentumswohnungsbau bewegt die Medien und erregt die Gemüter. Für den sozialen Zusammenhalt der Stadtgesellschaften am schädlichsten aber sind die mit dem Immobilienboom einhergehenden exorbitanten Mietsteigerungen im Bestand und die dadurch ausgelösten Verdrängungs-, Gentrifizierungs- und Segregationsprozesse. Vor allem untere Einkommensgruppen werden durch die Miete zunehmend über ein sozial verträgliches Maß hinaus belastet. In Berlin hat dies im Februar 2020 zur Einführung eines allerdings verfassungsrechtlich fragwürdigen »Mietendeckels« geführt. Er erlaubt für bestimmte Teile des Wohnungsbestands Mieterhöhungsstopp, Mietkappungen und Mietsenkungen. Politisch und in seinen Folgewirkungen ist er heftig umstritten, wird aber nach Umfragen doch von großen Teilen der Bevölkerung grundsätzlich bejaht (Berliner Morgenpost 22.11.2019). Für Katrin Schmidberger von der Grünen-Fraktion, Sprecherin für Wohnen und Mieten des Ausschusses für Stadtentwicklung und Wohnen im Berliner Senat, ist der Mietendeckel im Kern vor allem ein »Rendite-Deckel« (Tagesspiegel v. 28.11.2019), der das ausufernde spekulative Geschäft mit dem Wohnraum eindämmen soll.

Die größten Mietsteigerungen hat seit Jahren München zu verzeichnen. Nach dem Münchner »Wohnungsbarometer«, einer Auswertung der Angebotsmieten durch das kommunale Referat für Stadtplanung und Bauordnung, lagen hier die durchschnittlichen Erstbezugsmieten bereits 2018 bei 19,90 €/m². Neubauwohnungen sind in den Hotspots des Immobilienmarktes für Durchschnittsverdiener nicht mehr erschwinglich, weder zur Miete noch im Eigentum. In München kostete eine Eigentumswohnung bereits 2018 durchschnittlich 9.000 €/m². Kein Wunder, dass sich auch in Bayern ein »Volksbegehren 6 Jahre Mietenstopp« gebildet hat, das der Bayerische Verfassungsgerichtshof freilich im Juni 2020 für unzulässig erklärte. Das Land Bayern besitze im Mietrecht keine Gesetzgebungskompetenz.

Besonders hart sind durch den »Mietenwahnsinn« armutsgefährdete Gruppen, Alleinerziehende, Arbeitslose, Kurzarbeiter, Senioren betroffen. Und darunter gibt es noch, wie die deutsche Nationale Armutskonferenz (nak) 2019 unterstrich, das wachsende Heer der etwa 335.000 in Unterkünften lebenden Wohnungslosen, der Geflüchteten und der ca. 40.000 Menschen, die ganz ohne jedes Obdach auf der Straße leben.

Die neue Wohnungsfrage ist längst nicht mehr allein auf einkommensschwache Gruppen beschränkt, sondern hat gerade in Städten wie München, Frankfurt oder Stuttgart auch wachsende Teile der Mittelschicht mit voller Wucht erreicht. Schon deshalb hat das Thema so viel mediale Aufmerksamkeit und politische Durchschlagskraft. Dort, wo das Wohnen für Pflegekräfte, Feuerwehrleute, Polizisten, einfache Dienstleister, aber auch für Lehrer und qualifizierte Fachkräfte kaum mehr bezahlbar ist, stehen letztendlich die Funktionsfähigkeit der Stadt als Ganzes und auch ihre Wettbewerbsfähigkeit im ökonomischen Konkurrenzkampf der Städte auf dem Spiel.

Auf der anderen Seite hat der Boom gewaltige Gewinne ermöglicht, aber zugleich auch, wie eine Forschergruppe um den Bonner Ökonomen Moritz Schularick 2019 belegte, die Spaltung der Gesellschaft in Arm und Reich drastisch vertieft. Der Boom habe, so Schularick und Kollegen, den Deutschen seit 2011 einen enormen Vermögenszuwachs von inflationsbereinigt etwa drei Billionen Euro gebracht. Profiteure sind mit einem Anteil von mehr als der Hälfte dieses Vermögenszuwachses die reichsten 10 %, aber auch Teile der oberen Mittelschicht. Die großen Verlierer seien »städtische Mieterhaushalte mit geringem Einkommen« (Baldenius/Kohl/Schularick 2019, 2).

Wohnen – die soziale Frage unserer Zeit?

Das Megathema Wohnen hat inzwischen quer durch alle staatlichen Ebenen die Politik aufgeschreckt. »Wohnen«, so die damalige SPD-Parteivorsitzende Andrea Nahles auf dem Koalitionsgipfel im Mai 2018, sei »die neue soziale Frage«. Im September 2018 rückte der für das Bauen zuständige Bundesinnenminister Horst Seehofer auf dem CSU-Parteitag das »bezahlbare Wohnen« als »die soziale Frage unserer Zeit« auch von seiner Seite aus ins Zentrum. Dabei hatte sich der Bund wenig zuvor in einem langen Prozess der Liberalisierung und Deregulierung der Wohnungspolitik aus der gemeinsam mit den Ländern verantworteten sozialen Wohnungsbauförderung zurückgezogen (wichtigste Stationen: Wohnraumförderungsgesetz von 2002 und Föderalismusreform von 2006). Nun hat der Bund mit der Grundgesetzänderung vom April 2019 den Wiedereinstieg in die Förderung des sozialen Wohnungsbaus vollzogen und stellt den Ländern ab 2020 dauerhaft Finanzhilfen zur Verfügung.

In dieser wohnungspolitischen Kehrtwende steckt das Eingeständnis des Scheiterns des zuvor eingeschlagenen neoliberalen Privatisierungskurses. Es geht, dies ist gerade in Corona-Zeiten deutlich geworden, um eine Neujustierung des Verhältnisses von Markt und Staat im Bereich des Wohnens als einem der zentralen Felder der Daseinsvorsorge.

Markt und Staat

Dass der Wohnungsbau nicht allein dem freien Markt überlassen werden kann, sondern eines regulierenden Eingriffs bedarf, hat mit dem besonderen Charakter des Wohnens als Grundbedürfnis und mit den Besonderheiten des Wohnungsmarktes – wie dem hohen Kapitalbedarf, der Langlebigkeit, Standortgebundenheit und Heterogenität des Gutes Wohnung – zu tun. Grundsätzlich wurde dies bereits im preußischen Merkantilismus, in den Wohnungsreformbewegungen während des Kaiserreichs und dann in der modernen, sozialstaatlichen Form der Ausgestaltung der Wohnungspolitik seit dem Ersten Weltkrieg anerkannt. Seitdem bewegt sich Wohnungspolitik immer im Spannungsfeld eines marktwirtschaftlichen Rahmens und der sozialstaatlichen Intervention zugunsten eines angemessenen, menschenwürdigen Wohnens aller. Die Antwort des 20. Jahrhunderts auf die historische »Wohnungsfrage« – beziehungsweise auf den immer prekären Doppelcharakter der Wohnung als Wirtschafts- und als Sozialgut – war in Deutschland seit den 1920er Jahren der soziale Wohnungsbau.

Nach dem Zweiten Weltkrieg war der soziale Wohnungsbau der jungen Bundesrepublik eine bis heute weltweit bestaunte (vor allem quantitative) Erfolgsgeschichte. Er leistete mit seinen Wohnungen für breite Schichten der Bevölkerung einen kaum zu überschätzenden Beitrag zur sozialen Integration der Nachkriegsgesellschaft. Doch anders als etwa in Wien mit seinem dauerhaft gebundenen und fortlaufend erweiterten Gemeindewohnungsbau verzichtete man in der Bundesrepublik auf eine Dauerbindung des staatlich geförderten Sozialwohnraums. Die Objektförderung im sozialen Wohnungsbau wurde nur als temporär befristete Staatsintervention – mit fortlaufend kürzeren Bindungsfristen – konzipiert. Je erfolgreicher dann die Nachkriegswohnungsnot abgebaut wurde, desto deutlicher wurden die Rufe, die Wohnungspolitik zu liberalisieren und zu deregulieren. Die Hoffnung, dass perspektivisch allein über den Markt sowie eine ergänzende Subjektförderung (Wohngeld) dauerhaft auch die Wohnungsnachfrage randständiger und einkommensschwächerer Schichten gedeckt werden könnte, hat sich aber als Illusion erwiesen. Wiederkehrende Problemlagen wie die zyklisch auftretenden Wohnungsmangel- und Wohnungsnotsituationen, singuläre Ereignisse wie die Eingliederung der Russlanddeutschen oder die Wanderungsbewegungen im Gefolge der deutschen Einheit, Flüchtlingsbewegungen wie infolge des Balkankriegs oder der Nahostkonflikte und – *last but not least* – sinkende Mietzahlungsfähigkeiten im Zusammenhang mit Katastrophenereignissen unterstreichen, dass es einer dauerhaften staatlichen Intervention in die soziale Objektförderung bedarf.

Stattdessen verschärft sich die Situation durch das bislang nicht zu kompensierende förderungstechnisch bedingte »Abschmelzen« der früheren Sozialwohnungsbestände immer weiter: Von den Ende der 1980er Jahre noch bestehenden ca. 3,9 Millionen Sozialmietwohnungen gibt es heute gerade noch etwa 1,18 Millionen. Etwa 60.000 bis 90.000 Sozialwohnungen fallen jährlich aus der Bindung, der ganz allmählich wieder anlaufende Neubau von Sozialwohnungen (2019: ca. 25.500 Wohneinheiten) kann diesen Schwund bislang in keiner Weise ausgleichen.

Warum fällt das Umsteuern so schwer?

Das Wohnungsdefizit ist enorm, vor allem beim sogenannten »bezahlbaren« Wohnraum. Politik, Wohnungswirtschaft und Forschungsinstitute beziffern das Wohnraumdefizit unterschiedlich. Nach Angaben des GdW (dem Spitzenverband der deutschen Wohnungswirtschaft) fehlen gegenwärtig mindestens 800.000 Wohnungen. Um die über viele Jahre aufgebaute Angebotslücke zu schließen, müssten jährlich etwa 400.000 Wohnungen gebaut werden, davon etwa 80.000 Sozialwohnungen und 60.000 bezahlbare Wohnungen – Margen, die trotz der nahezu unisono von allen Seiten vorgetragenen Forderung nach mehr, nach viel mehr Neubauwohnungen und trotz aller Bemühungen noch bei weitem nicht erreicht werden (2018: 287.000 Wohneinheiten).

Die politische Diskussion über die hierfür maßgeblichen Ursachen (Marktversagen oder Staatsversagen?) und über mögliche Lösungsansätze ist hochkontrovers. Ein vor allem marktwirtschaftlich und immobilienökonomisch argumentierender Strang der Debatte setzt auf eine möglichst rasche Angebotsausweitung und hofft auf die dabei immer wieder ins Feld geführten – und zu Recht bezweifelten – »Sickereffekte«. Seine Protagonisten kritisieren die kostentreibende, oft ökologisch begründete Regelungsdichte im Wohnungsbau, zu hohe Bau- und Energieeinsparungsstandards, die Schwerfälligkeit der Genehmigungsbehörden und staatliche »Überregulierung« durch Sozialquoten im Neubau oder Verschärfungen im Mietrecht (»Mietpreisbremse« o. ä.). Die Klagen der Verbände und der Wohnungswirtschaft sind sicherlich ein Stück weit berechtigt – so wäre es dringend erforderlich, die Bauordnungen der Länder zu vereinheitlichen. In Teilbereichen, wie dies die Baukostensenkungskommission der Bundesregierung bezogen auf die Energieeinsparverordnung (ENEV), die Außenanlagen, überdachte Fahrradabstellplätze u. ä. vorgeschlagen hat, kann sicherlich auch abgespeckt werden. Auf der anderen Seite ist aber davor zu warnen, die Standards auf breiter Front zu reduzieren, nicht zuletzt mit Blick auf die Alterung unserer

Gesellschaft und die Notwendigkeit, Wohnungen altersgerecht auszubauen. Auch eine Neuauflage des Schlichtwohnungsbaus ist keine Lösung, ebenso wenig wie temporäre Bauten, die nach kurzer Nutzungsdauer wieder abgerissen oder aufwendig nachgerüstet werden müssen.

Der vor allem von Architekten, Sozialwissenschaftlern und gemeinwohlorientierten Vertretern aus Kommunen und Wohnungswirtschaft getragene wohnungspolitische Reform- und Erneuerungsdiskurs zielt demgegenüber auf alternative Trägerformen und neue Modelle des Wohnens sowie darauf, sozialen Wohnungsbau verstärkt zu fördern. Die in zahlreichen Publikationen und Ausstellungen vorgestellten gemeinschaftlichen, ökologischen und partizipativen Wohnprojekte und Lösungsansätze sind enorm facettenreich und reichen vom Rekurs auf den Wiener Gemeindewohnungsbau über alt- und neugenossenschaftliche Projekte in Deutschland (Tübingen, Freiburg, München, Berlin, Hamburg u. a.), Österreich (Wien, Innsbruck, Vorarlberg) und der Schweiz (Zürich, Basel, Winterthur), Baugemeinschaftsmodelle, lokale sozialorientierte Wohnungspolitiken (Münchens »SOBON«-Politik u. a.) bis hin zu neuen Wohnformen wie Cluster- und Satellitenwohnungen und Modellen der Integration von Wohnen und Arbeiten.

Doch für ein erfolgreiches Umsteuern mangelt es auch dort, wo hierfür politischer Wille mobilisiert werden kann, zumeist an zwei essentiellen Voraussetzungen, an gemeinwohl- und nicht allein renditeorientierten Bauträgern und ganz praktisch vor allem an bezahlbarem Bauland.

Mangel an gemeinwohlorientierten Akteuren

Wichtigster Träger eines gemeinwohlorientierten Wohnungsbaus war in Deutschland über mehr als ein Jahrhundert die gemeinnützige Wohnungswirtschaft, die sich seit der zweiten Hälfte des 19. Jahrhunderts aus philanthropischen und gemeinwohlorientierten Anfängen entwickelt hatte. Die – während der ganzen 1980er Jahre noch heftig umstrittene – Abschaffung der Wohnungsgemeinnützigkeit

1990 war ein Vorgang von enormer wohnungspolitischer Tragweite. Auf die denkbar negativste Weise lieferte dabei der »Neue Heimat-Skandal« die Begleitmusik und konterkarierte jeden Versuch, die besonderen Werte gemeinnütziger Sozialpflichtigkeit, Mietpreiskalkulation oder Vermögensbindung herauszustellen. Seitdem fehlt mit den ehemals gemeinnützigen Wohnungsunternehmen ein wesentlicher Teil gerade der Träger, die im Wiederaufbau den sozialen Wohnungsbau am aktivsten betrieben hatten – eine gewaltige Lücke. Das weiterhin an gemeinnützigen Zielen orientierte, verbliebene Segment der kommunalen Wohnungsgesellschaften (etwa 2,4 Millionen des gesamten Wohnungsbestandes von ca. 42 Millionen Wohnungen) allein ist jedenfalls mit der Aufgabe eines quantitativ bedeutsamen Wiedereinstiegs in den sozialen Wohnungsbau überfordert, auch wenn die meisten dieser Unternehmen zusammen mit den kirchlichen Trägern (etwa 300.000 Wohnungen) ihr Möglichstes versuchen. Leider beteiligen sich hierzulande von den ehemals so dynamischen, heute aber zumeist vorwiegend mit der Verwaltung und Modernisierung ihrer Bestände beschäftigten Alt-Genossenschaften (ca. 2,15 Millionen Wohnungen) bislang noch wenige an der Aufgabe des Neubaus von »bezahlbarem« Wohnraum.

So überrascht es nicht, dass sich eine lebhafte Debatte um die Wiedereinführung einer neuen Wohnungsgemeinnützigkeit entwickelt hat, die einen gemeinwohlorientierten Sektor der Wohnungswirtschaft stärken und weiterentwickeln könnte. Das Für und Wider dieser Debatte kann hier nicht nachgezeichnet werden (vgl. etwa die Beiträge von Holm, Hunger und Kuhnert in Schönig u. a. 2017). Klar ist für die Befürworter, dass es dabei nicht um eine einfache Neuauflage der »alten« Wohnungsgemeinnützigkeit gehen kann, sondern um eine zeitgemäße Fortentwicklung, die statt der Privilegierung einzelner Großunternehmen gerade umgekehrt eine Vielfalt an Trägerformen (Genossenschaften, Baugemeinschaften, »Mietshäusersyndikat« etc.) begünstigt und mit verschärften Transparenz- und Prüfungsanforderungen sowie dem Ausbau einer effektiven Mietermitbestimmung dokumentiert, dass man aus den Fehlern der Vergangenheit gelernt hat.

Nichts verdeutlicht die wachsende Polarisierung auf den deutschen Wohnungsmärkten nachdrücklicher als der rasante Aufstieg der börsennotierten Wohnungsunternehmen seit Ende der 1990er Jahre. Mit den Unternehmen »Vonovia SE« (416.000 Wohnungen 2019) und »Deutsche Wohnen« (161.300 Wohnungen 2019) sind mittlerweile zwei im DAX gelistet, im Börsenindex der 30 größten Aktiengesellschaften in Deutschland. Ihr Geschäftsmodell gründete im massenhaften Aufkauf ehemals öffentlicher Wohnungsbestände, die von der Bahn, von Kommunen, aber auch von einzelnen Bundesländern auf dem Höhepunkt des Privatisierungshypes zur Sanierung ihrer Haushalte auf den Markt geworfen wurden. Insgesamt wurden nach den Erhebungen des Bundesinstituts für Bau-, Stadt- und Raumforschung (BBSR) zwischen 1999 und 2015 in Deutschland bei Verkäufen von großen Wohnungsbeständen mit mehr als 800 Wohnungen über drei Millionen Wohnungen verkauft (BBSR 2017). Teilweise wurden die privatisierten Bestände wie in Baden-Württemberg inzwischen im Rahmen der jeweiligen sogenannten Exit-Strategien mit gewaltigen Gewinnen (mehrfach) weiterverkauft.

Längst hat bundesweit Ernüchterung und Umdenken eingesetzt. Das Agieren allein renditeorientierter Wohnungskonzerne, die im Interesse ihrer Aktionäre systematisch alle Mieterhöhungsspielräume und Einsparpotentiale ausnutzen, ist angesichts der Notstände gerade auf den unteren Wohnungsteilmärkten nicht mehr akzeptabel. Vielfach bemüht man sich um den zumindest teilweisen – fraglos teuren – Rückkauf der zuvor meist unter Wert aus der Hand gegebenen Wohnungen. Oder man zielt wie in Berlin sogar mit einem angestrebten (heftig umstrittenen) Volksentscheid unter Berufung auf das Grundgesetz und die Berliner Verfassung auf die umfassende »Vergesellschaftung« (Rouzbeh Taheri), d. h. Enteignung und Entschädigung der Wohnungsbestände aller Unternehmen, die in Berlin mehr als 3.000 Wohnungen besitzen.

Vor diesem gesamten Hintergrund bleibt es unumgänglich, dass auch die private Wohnungswirtschaft – über das soziale Engagement vereinzelter Unternehmer hinaus – einen wichtigen Beitrag leistet, bezahlbaren Wohnraum zu schaffen. Tatsächlich sind für viele

Kommunen sogenannte Sozial- oder Förderquoten zu einem der wichtigsten wohnungspolitischen Instrumente geworden. Damit wird über städtebauliche Verträge die Verpflichtung für private Investoren abgesichert, immer dann, wenn neues Baurecht geschaffen wird, in einem gewissen prozentualen Umfang (meist zwischen 20 und 30 %) geförderten Wohnraum mit zu entwickeln. München war hier mit seiner Politik der sozialgerechten Bodennutzung Anfang der 1990er Jahre Vorreiter – inzwischen haben zahllose weitere Städte nachgezogen. Viel Hoffnung wird auch darauf gesetzt, dass der vor allem in den Nuller Jahren vorschnell »beerdigte« Werkswohnungsbau einen neuen Aufschwung nehmen könnte. Immer mehr Firmen stellen nämlich fest, dass die lokalen Wohnungsmärkte für ihr Personal schlicht und einfach zu teuer geworden sind.

Mangel an – bezahlbarem – Bauland

In der täglichen Praxis erweist sich die Knappheit an geeigneten – und bezahlbaren – Grundstücken als die wohl größte Hürde. Nur wenige Städte wie etwa Ulm können auf eine langjährige Bodenvorratspolitik blicken oder haben noch, wie etwa Mannheim oder Heidelberg große Reserven an ehemals militärisch genutzten Konversionsflächen.

Fast tragisch mutet von der hier vertretenen Warte aus an, dass gerade die Bürgerbeteiligung über die Hebel Bürgerbegehren beziehungsweise Volksbegehren vielfach eine schwer zu nehmende Hürde bei der Entwicklung neuer Baugebiete geworden ist. Es geht dabei um den Vorrang des Prinzips der Innen- vor der Außenentwicklung, um den Schutz von Natur und Umwelt vor immer weiterer Versiegelung, auf der anderen Seite aber eben auch um die Bekämpfung von Wohnungsnot und den Schutz der Belange auch der Neuankömmlinge und Zuziehenden. Die Stadt, so ein richtiges Grundprinzip, gehört nicht allein denen, die schon da sind!

Der Mangel an Bauland und – vor allem in den Wachstumszentren – immense Bodenpreissteigerungen sind die größten Hemmnisse bei der Schaffung von »bezahlbarem« Wohnraum. In München, so Stephan Reiß-Schmidt, der langjährige Leiter der Münchner Stadtentwicklungsplanung, haben »sich die Grundstückspreise für den Geschosswohnungsbau von 2006 bis 2017 mehr als vervierfacht. Die Kosten des Grundstücks machen in München mittlerweile bis zu 70 % der Gestehungskosten [d. h. der Herstellungskosten] einer Wohnung aus« (Reiß-Schmidt 2019, 4). Alle bodenreformerischen Ansätze zur Abschöpfung von leistungslosen Bodenwertsteigerungen zugunsten der Allgemeinheit sind in Deutschland in der Vergangenheit auf politischer Ebene gescheitert. Nun hat sich unter dem Zwang der Verhältnisse in Fachkreisen eine neue Bodenreformdebatte entwickelt, bei der auf kommunaler Ebene u. a. die Eindämmung von finanzmarktgetriebener Bodenspekulation, die Einrichtung von Bodenfonds, eine expansive Bodenvorratspolitik, die Vergabe städtischen Bodens (nur noch) in Erbbaurecht und eine zeitgemäße Grundsteuerreform gefordert wird.

Immer deutlicher wird, dass eine sozialorientierte Wohnungspolitik durch eine gemeinwohlorientierte Liegenschaftspolitik flankiert werden muss. Leider ist es immer noch so, dass viele Kommunen ihre Liegenschaftspolitik als scheinbar probates Mittel zur Konsolidierung ihrer Haushalte durch eine Höchstpreisvergabe ihrer Grundstücke betreiben. Glücklicherweise wird auch hier inzwischen auf breiter Front umgedacht – mehr und mehr Städte geben inzwischen Konzeptverfahren, d. h. der Auswahl der im Sinne der Stadt- und Quartiersentwicklungsziele besten Konzepte zusammen mit einem Festpreis (Verkehrswert) den Vorzug.

Quantität und Qualität

Nicht selten ist die Debatte zu sehr auf die Fragen quantitativer Bedarfsdeckung fokussiert. Ebenso wichtig ist die Entwicklung neuer Qualitäten. Ein nachfragegerechter Wohnungsbau berücksichtigt, dass die Alterung der Gesellschaft und die Veränderung der Werte zu einer enormen Ausdifferenzierung der Wohnwünsche und Wohnbedürfnisse geführt haben, und entwickelt dementsprechend vielfältige Angebote. Neuen Bauträgerformen wie Genossenschaften und Baugruppen mit ihrer besonderen Innovationsbereitschaft kommt dabei als »Raumpionieren« eine bedeutsame Rolle zu.

In den besten Projekten werden die Ziele der Schaffung von bezahlbarem Wohnraum, von sozialer Mischung und Quartiersbezug innovativ verknüpft. Im viel beachteten Tübinger Projekt »Wolle+« (»Wohnraum für alle«) ist dies durch eine enge Kooperation der Baugemeinschaft Wolle+ und den Martin-Bonhoeffer-Häusern (ein Tübinger Sozialträger) mit der benachbarten Postbaugenossenschaft gelungen. Derartige übergreifende Vernetzungen zwischen verschiedenen Trägerformen erhalten ein immer größeres Gewicht. Wolle+ bietet Wohnmöglichkeiten für Geflüchtete, Wohnungen für Wohlhabende und Studenten, soziale Clusterwohnungen für Alleinerziehende und Mikroappartements für Jugendliche. Immer wichtiger wird der »Mehrwert«, den ein Projekt nicht allein für die eigene Gruppe, sondern für das umgebende Quartier und die Stadt entwickelt. Im Projekt Wolle+ wird dies exemplarisch vor allem mit dem durch die Martin-Bonhoeffer-Häuser getragenen »Brückenhaus« verwirklicht, einem multifunktionalen Raum von üppigen 180 m^2, der beliebig geteilt und erweitert werden kann und als Treffpunkt, Spiel-, Koch- und Feierraum nicht allein für die Projektbewohner, sondern für die gesamte Nachbarschaft genutzt werden kann. In der Corona-Krise wurden die Räume kurzerhand so umgestaltet, dass während der Zeit der Schließung der Tübinger Tafel im Brückenhaus eine der dezentralen Verteilerstationen für Lebensmittel an Menschen mit wenig Geld eingerichtet wurde. Es ist ein Projekt, das Mut macht und zeigt, was möglich wird, wenn Stadt, gemeinwohlorientierte Träger und viel zivilgesellschaftliches Engagement zusammenwirken (Sponsoren wie die Deutsche Fernsehlotterie eingeschlossen ...).

Literatur

Baldenius, Till/Kohl, Sebastian/Schularick, Moritz (2019): Die neue Wohnungsfrage. Gewinner und Verlierer des deutschen Immobilienbooms. Bonn: Macrofinance Lab. https://pure.mpg.de/rest/items/item_3070687_1/component/file_3070688/content [Zugriff: 02.02.2021]

Harlander, Tilman/Kuhn, Gerd/Wüstenrot Stiftung (Hrsg.) (2012): Soziale Mischung in der Stadt. Case Studies – Wohnungspolitik in Europa – Historische Analyse. Ludwigsburg/Stuttgart: Kraemer

Nationale Armutskonferenz (Hrsg.) (2018): Armut stört. Schattenbericht der Nationalen Armutskonferenz. Berlin: nak. https://www.nationale-armutskonferenz.de/wp-content/uploads/2018/10/Schattenbericht-2018_2019.pdf [Zugriff: 02.02.2021]

Reiß-Schmidt, Stephan (2019): Bodenrecht auf dem Prüfstand. In: Flächenmanagement und Bodenordnung 81 (1), S. 1–9

Vogel, Hans-Jochen (2019): Mehr Gerechtigkeit! Freiburg i. Br.: Herder

Wüstenrot Stiftung (Hrsg.) (2017): Wohnvielfalt. Gemeinschaftlich wohnen – im Quartier vernetzt und sozial orientiert, Bearb.: Susanne Dürr, Gerd Kuhn. Ludwigsburg: Wüstenrot Stiftung

Humankapitalismus: Bildung als Ware und Währung

Aladin El-Mafaalani

Bildung als Ware und Währung zu betrachten, das würden viele Menschen intuitiv ablehnen. Aber bereits Anfang der 1980er-Jahre hat der Soziologe Pierre Bourdieu genau hierzu eine Theorie entwickelt (Bourdieu 1983). Es handelt sich also keineswegs um eine neue Sichtweise oder einen aktuellen Trend. Die folgende Beschreibung der Kapitalsorten nach Bourdieu basiert auf einer meiner früheren Arbeiten und führt die fort (El-Mafaalani 2012, 69–72).

Das Kapital als rein ökonomische Ressource (Einkommen und Vermögen) zu begreifen, wie es noch bei Karl Marx definiert war, wird laut Bourdieu den vielfältigen wechselseitigen Austauschprozessen innerhalb einer Gesellschaft nicht mehr gerecht. Entsprechend definiert er Kapital als gesellschaftlich relevante Ressourcen, die imstande sind, die Stellung eines Menschen innerhalb der Hierarchie einer Gesellschaft zu bestimmen, zu erhalten oder zu verändern. Neben dem ökonomischen Kapital nennt er zwei weitere Sorten von Kapital, die vom Prinzip her gleichwertig sind, kulturelles Kapital und soziales Kapital (Netzwerke). Sie sind deshalb Kapital, weil sie gleichermaßen nützlich sein können. Und sie sind grundsätzlich gleichwertig, weil sie austauschbar sind, also die Funktion einer Währung haben können. Aber der Reihe nach ...

Das klassische ökonomische Kapital garantiert nach wie vor die Sicherung des Lebensstandards und eine gewisse Unabhängigkeit. Allerdings reicht es allein nicht mehr aus, um gesellschaftliche Macht auszuüben oder bestimmte Positionen einzunehmen. So öffnet beispielsweise ein großer Lottogewinn keineswegs die Türe in die gehobenen Kreise oder in bestimmte Machtsphären. Außerdem wissen wir heute, dass ein Lottogewinn bei zuvor ärmeren Menschen häufig nicht nachhaltig zu Wohlstand führt. Vielmehr sind es auch neue, immaterielle Ressourcen, die die soziale Stellung mitbestimmen.

Das kulturelle Kapital kann auch als Bildungskapital bezeichnet werden. Es drückt sich nach Bourdieu in Objekten (objektiviertes kulturelles Kapital), in Körper und Geist (inkorporiertes kulturelles Kapital) sowie in institutioneller Form (institutionelles kulturelles Kapital) aus. Objektiviertes kulturelles Kapital ist dabei am engsten an Geld gebunden. Hierzu zählt insbesondere der Besitz von Kunstgegenständen (beispielsweise ein Gemälde), Kulturgütern (beispielsweise Bücher) und Kulturwerkzeugen (beispielsweise ein Klavier), die zwar materielle Objekte sind, deren Wert aber vordergründig immaterieller Natur ist – die also auf gewisse Weise Bildung beziehungsweise Gebildetsein vorführen. Und mal ehrlich: Wenn wir jemand zu Hause besuchen und im Wohnzimmer ein wohlplatziertes Kunstgemälde, Hunderte Bücher im Regal und einen Flügel sehen, steht für uns schon fast fest: Dieser Mensch ist gebildet.

Die Verinnerlichung dieser Objekte erfordert, dass ich sie mir einverleibe. Inkorporiertes kulturelles Kapital meint die sich stetig vollziehende Aneignung, also die geistige, körperliche und emotionale Verinnerlichung des Kulturellen. Es geht um Wissen und Fertigkeiten, heute würde man von Kompetenzen sprechen, wobei nicht nur kognitive, sondern auch soziale, emotionale und methodische Fertigkeiten gemeint sind. Wenn nun unser Gastgeber auch noch kunstinteressiert und belesen wirkt, vielleicht sogar auf dem Flügel etwas vorspielt und dabei zwischendurch einen Schluck Rotwein trinkt – dann ist die bildungsbürgerliche Aura vollkommen.

Die Verinnerlichung des Kulturellen ist die zeitintensivste Ausprägung der kulturellen Kapitalformen und findet insbesondere, aber nicht nur im Bildungssystem statt. Klavierspielen hat unser Gastgeber sicherlich nicht auf dem städtischen Gymnasium gelernt.

Das Hoheitsgebiet des Bildungssystems liegt im institutionellen kulturellen Kapital. Die Institutionalisierung kulturellen Kapitals findet ihren Ausdruck vor allem in (hoch-)schulischen Abschlüssen und Titeln. Diese Papiere sind im tiefsten Wortsinn »Zeugnisse« kultureller Kompetenz und garantieren deren Inhabern einen dauerhaften Wert. Und dies relativ unabhängig vom tatsächlichen Besitz von Kompetenzen. Wenn also unser Gastgeber einen Doktortitel hat, ist das Bild vollends rund: Er ist sehr gebildet.

Die Wirksamkeit dieser Zeugnisse ist herausragend. Ähnlich wie beim Geldschein hängt der Wert dieser Papiere von ihrem Urkundenstatus ab. Daher ist institutionalisiertes Bildungskapital die gesellschaftlich legitimste Form kulturellen Kapitals. Bildungstitel sind das Produkt einer Bildungsinvestition, einer Umwandung von ökonomischem in kulturelles Kapital: Die Bildungsphase hat nicht nur Mühen, sondern auch Geld gekostet. Wer viele Jahre dafür aufbringt, einen Bildungstitel zu erlangen, der hat direkte, aber auch entgangene Einkünfte durch indirekte Kosten. Die Investition ergibt nur dann Sinn, wenn ihre Rekonvertierbarkeit (zumindest teilweise) garantiert ist, mit anderen Worten: Das muss sich auszahlen. Der Abschluss muss einen Wert haben, der auf dem Arbeitsmarkt Einkünfte generiert.

Der Zusammenhang zwischen den drei Formen des kulturellen Kapitals gilt mittlerweile als derart gesichert, dass es in internationalen Studien üblich geworden ist, die Anzahl von Büchern im Haushalt oder das Beherrschen eines Musikinstruments als Indikatoren für die Bildungsnähe oder die Schichtzugehörigkeit zu verwenden und daraus Hypothesen für die Forschung zu generieren (bspw. IGLU-Studien). Es ist also tatsächlich so, dass Gegenstände, Kompetenzen und Zeugnisse miteinander in Zusammenhang stehen. Inwiefern im Zeitalter der Digitalisierung diese historisch gewachsenen Formen von kulturellem Kapital Bestand haben werden, ist durchaus fraglich. Bereits die Materialität von gebundenen Büchern verliert dramatisch an Bedeutung (E-Books), aber auch das Lesen an sich: Selbst in intellektuellen Kreisen konkurrieren Bücher, egal ob gedruckt, digital oder als Hörbuch, zunehmend mit Serien und Social-Media-Angeboten.

Damit kommen wir zur letzten Kapitalsorte: dem sozialen Kapital. Es lässt sich auch als Vitamin B (Beziehungen) oder Vitamin C (Connections) bezeichnen. Soziale Beziehungen entstehen durch fortwährende Aufnahme und Pflege sozialer Kontakte. Nicht umsonst wird dem »Netzwerken« – wie man das umgangssprachlich formuliert – in der analogen wie in der digitalen Welt eine zunehmend wichtige Rolle beigemessen. Aber auch Nachbarschaftshilfe, Familienzusammenhalt oder andere solidarische Formen gehören dazu. Dabei hängt das Ausmaß des sozialen Kapitals, über das eine Person verfügt, sowohl von der Größe des sozialen Netzwerkes als auch von der Kapitalausstattung der anderen Personen im Netzwerk ab.

In der digitalen Welt lässt sich die besondere Rolle sozialen Kapitals in eindrucksvoller Weise erkennen und sie ist quantifizierbar und quasi öffentlich. Welche und wie viele Freunde habe ich auf Facebook, Twitter, YouTube oder Instagram? Ab einer kritischen Masse an »Freunden« lässt sich damit sogar Geld verdienen. Mittlerweile werden die persönlichen Profile und Netzwerke im digitalen Netz auch bei Bewerbungsverfahren mitberücksichtigt. Umfang und Qualität des privaten Kapitals bestimmen also in gewisser Weise mit, wie ein Mensch wahrgenommen und bewertet wird.

In zweifacher Hinsicht besteht dennoch prinzipiell eine Gleichwertigkeit zwischen allen Kapitalsorten: Zum einen dienen sie dazu, eine bestimmte Stellung in der Sozialstruktur der Gesellschaft einzunehmen. Zum anderen lassen sich alle Kapitalsorten ineinander umwandeln, um wiederum die Positionen zu erhalten oder zu verbessern. Durch Investitionen in Bildung kann ökonomisches Kapital in kulturelles Kapital umgewandelt werden; das daraus entstehende Bildungskapital kann zu einem beruflichen Aufstieg führen und somit wiederum in ökonomisches Kapital transformiert werden; dadurch, dass soziale Beziehungen bei der beruflichen Bildung enorm hilfreich sein können, lässt sich auch soziales Kapital in ökonomisches umwandeln und so weiter. Dem Kapital, in welcher Form auch immer, wohnt also eine gewisse Tauschfunktion inne.

Bildung hatte insofern schon lange eine gewisse kapitalistische gesellschaftliche Funktion. Bildung wird zunehmend als Humankapital verstanden. Damit ist die Gesamtheit der wirtschaftlich und gesellschaftlich verwertbaren Fähigkeiten und Kenntnisse von Personen gemeint. Bereits der Ökonom und Philosoph Adam Smith und nach ihm eine ganze Reihe von Wirtschaftsnobelpreisträgern beschäftigten sich mit dem ökonomischen Nutzen (insbesondere im Verhältnis zu den Kosten) von Bildung. Bildung ist eindeutig eine wirtschaftliche Ressource – für die Einzelnen und für die Gesellschaft insgesamt. Das kann man allein daran festmachen, dass im Zusammenhang mit Bildung neue, ökonomisch geprägte Begriffe alltagstauglich werden. Bildungsnachfrager und Bildungsanbieter, Bildungsgüter und Bildungsmärkte, Bildungsrendite und Bildungsinflation. Bildungsdienstleister müssen sich in Bildungsmanagement üben und so weiter. Bildung ist also auch ein wirtschaftliches Gut. Entsprechend interessiert sich die Organisation für wirtschaftliche Zusammenarbeit und Entwicklung (OECD) derart stark für das Bildungswesen, dass die deutsche Bildungsforschung mittlerweile in beträchtlichem Maße durch die OECD finanziert wird. PISA ist hierfür nur ein prominentes Beispiel (vgl. z. B. Münch 2018). Der Focus auf die gesellschaftliche und individuelle Verwertung von Bildung rechtfertigt es, von einem *Humankapitalismus* zu sprechen. Im Humankapitalismus kennzeichnet sich der dominante Bildungsbegriff durch eine Reduzierung auf die ökonomisch nützlichen und wissenschaftlich messbaren Aspekte von Bildung auf der einen Seite sowie durch einen enormen Bedeutungszuwachs dieses schmalen Bildungsverständnisses auf der anderen Seite. Das kann man gut oder schlecht finden – in jedem Fall lässt sich die Entwicklung nicht mehr übersehen, dass die mit Humankapital bezeichnete Waren-, Währungs- und Wettbewerbsfähigkeit von Bildung derzeit die Diskurse und Praktiken im Bildungssektor dominiert. Tatsächlich sind Bildungsabschlüsse zunehmend von Bedeutung für berufliche Etablierung und Karrieren – und damit für das Einkommen. Dagegen ist zunächst nichts einzuwenden.

Allerdings führt dies dazu, dass Eltern in die Bildung ihrer Kinder Zeit und Geld investieren, früh und umfassend fördern, wodurch ein enormer Wettbewerb entsteht, der sich als Leistungsdruck für Eltern und Kinder äußern kann. Diese Entwicklung ist nicht zuletzt auch ein (wahrscheinlich unbeabsichtigtes) Ergebnis der PISA-Studien: Durch das zunächst sehr mäßige Abschneiden Deutschlands wurde das Bildungssystem kritischer betrachtet und dadurch indirekt den Eltern eine stärkere Verantwortung bei der Platzierung ihrer Kinder im Bildungssystem übertragen. Die OECD fokussiert nachweislich die höhere und akademische Bildung, zulasten der in Deutschland traditionell starken und weltweit einzigartigen beruflichen Bildung.

Es mag kein Zufall sein, dass im Jahr 2002 – also ein Jahr nach dem Erscheinen von PISA I – eine Kommission eingesetzt wurde, die das entwickelte, was seit dem Jahr 2005 unter dem Stichwort Agenda 2010 und Hartz IV in aller Munde ist: einen enormen Umbau des Sozialstaates. In kürzester Zeit mussten also zwei zentrale deutsche Selbstbilder (gefühlt) begraben wurden. Das Land der Dichter und Denker ist genauso Historie wie der robuste Sozialstaat, auf den immer Verlass ist.

Auch wenn diese vermeintlichen »Niedergänge« vor allem gefühlte Wirklichkeiten sind: Sie haben Folgen. Denn das ewige Reden von »Fördern und Fordern«, davon, dass der Einzelne mehr Verantwortung übernehmen muss, stärker, flexibler und leistungsfähiger werden und der Gesellschaft nicht zur Last fallen soll, hat den Bildungsmarkt enorm erstarken lassen – und zwar von der Wiege bis ins hohe Alter. Ein Wettbewerb wurde ausgerufen: Deutschland gegen China, Deutsche gegen Chinesen, der einzelne Mensch gegen alle anderen. Jeder steht im Wettbewerb zu jedem. Es gilt, Kapital – im Sinne Bourdieus – anzuhäufen, um den Wettbewerb zu bestehen (z. B. Lesenich 2008). Interessant ist hier die Ausführung von Heinz Bude, der die besondere Betonung des Einzelnen (auch durch Bildung) mit einem Verlust an Solidarität in Verbindung setzt. Diese Lücke wurde von Populisten besetzt, die den Solidaritätsbegriff (mit einer sehr exklusiven Stoßrichtung) politisch vereinnahmt haben (Bude 2019).

Im Übrigen haben sich zeitgleich auch die Wirtschaftsverbände in den Bildungssektor eingeschaltet und eine kürzere Verweildauer im Bildungssystem gefordert, damit die ausgebildeten Menschen den Betrieben zur Verfügung stehen – und nebenbei schneller zu Steuer- und Beitragszahlern werden. Das Ergebnis ist eindrücklich: Die frühere Einschulung, das Abitur nach 12 Schuljahren oder G8, das Aussetzen der Wehrpflicht und die Verkürzung der Regelstudienzeit bis zum ersten Hochschulabschluss konnten zumindest rechnerisch die Bildungsphase von Akademikerinnen und Akademikern bis zum Berufseinstieg um mehr als vier Jahre verkürzen – Reformen, die in Rekordgeschwindigkeit umgesetzt wurden. Im Ergebnis haben wir heute Minderjährige, die ihr Studium beginnen, 20-Jährige mit Bachelor- und 22-Jährige mit Master-Abschluss. Absurderweise sind viele Arbeitgeber heute noch unzufriedener als vorher. Was soll man mit so jungen Leuten anfangen?

Der Steigerungs- und Beschleunigungszwang in unserer Gesellschaft hat das Bildungswesen in Gänze erschlossen. Bildung ist eine enorm relevante Ressource, Wirtschaftsgut und Währung zugleich. Entsprechend entsteht der ausgeprägte Drang, Bildung messbar zu machen. Die Quantifizierung von Bildung gewinnt an Bedeutung, bestimmte Qualitäten treten in den Hintergrund. Reformen beziehen sich sehr stark auf die »Hardware« von Bildung – auf die Alters- und Zeitdimension, auf die Bezeichnung von Abschlüssen und Institutionen – und weniger auf die »Software«. Und es ist ein besonderes Gut: Bildung – egal ob Zeugnisse oder Kompetenzen – kann man nicht so einfach verlieren wie materielles oder ökonomische Kapital. Dafür lässt sich materielles Vermögen direkt vererben, Bildung lediglich indirekt.

Solche schmaleren Bildungsauffassungen, die auf bestimmte Kompetenzen sowie Zertifikate abzielen, betonen insbesondere die gesellschaftliche Funktion und den gesellschaftlichen Nutzen von Bildung. In relativ kurzer Zeit hat die verwertbare Bildung enorm an Bedeutung gewonnen und bestimmt den bildungspolitischen Diskurs zunehmend – zulasten der umfassenderen klassischen Bildungsbegriffe und -ideale. Letztere könnten als Persönlichkeitsbildung zusammengefasst werden und fokussieren auf das Subjekt und die Individualität des einzelnen Menschen. Bildung wird hier also gerade nicht von der Gesellschaft, sondern vom Kinde her gedacht, weshalb es nicht überrascht, dass ausgehend von diesem Bildungsbegriff regelmäßig Kritik am Humankapital(ismus), an PISA und an der Kompetenzorientierung geübt wird.

Dieser Text ist ein leicht überarbeiteter Nachdruck aus dem Buch des Autors »Mythos Bildung. Die ungerechte Gesellschaft, ihr Bildungssystem und seine Zukunft«, Kiepenheuer & Witsch 2020, S. 26–35.

Literatur

Bourdieu, Pierre (1983): Ökonomisches Kapital, kulturelles Kapital und soziales Kapital. In: Kreckel, Reinhard (Hrsg.), Soziale Ungleichheiten (Soziale Welt, Sonderband 2). Göttingen: Schwartz, S. 183–198

Bude, Heinz (2019): Solidarität, Die Zukunft einer großen Idee. München: Hanser

El-Mafaalani, Aladin (2020): Mythos Bildung. Die ungerechte Gesellschaft, ihr Bildungssystem und seine Zukunft. Köln: Kiepenheuer & Witsch

El-Mafaalani, Aladin (2012): BildungsaufsteigerInnen aus benachteiligten Milieus, Habitustransformation und soziale Mobilität bei Einheimischen und Tükischstämmigen. Wiesbaden: Springer

Lesenich, Stephan (2008): Die Neuerfindung des Sozialen, Der Sozialstaat im flexiblen Kapitalismus. Bielefeld: transcript

Münch, Richard (2018): Der bildungsindustrielle Komplex, Schule und Unterricht im Wettbewerbsstaat. Weinheim: Beltz Juventa

Die Entleerung der Bildung – Ökonomisierung als radikales Reframing

Silja Graupe

Die Ökonomie, so schreibt Gary S. Becker in seinem Werk *Der ökonomische Ansatz zur Erklärung menschlichen Verhaltens* (1990), sei heute nicht mehr über ihren spezifischen Gegenstandsbereich, sondern über ihre Methode definiert. Die Vielfalt menschlicher Erkenntnis solle nicht mehr dazu dienen, um über die Wirtschaft nachzudenken. Im Gegenteil solle sich mit einer einzigen, eben der »ökonomischen« Erkenntnisweise alles in der Welt erfassen lassen. Becker selbst nennt dies »ökonomischen Imperialismus«.

Was bedeutet es aber tatsächlich, alle Belange menschlichen Lebens einer ökonomischen Erkenntnisweise zu unterwerfen – von Gesundheit, Religion und Natur über Familie und Sexualität bis hin zu Recht und Politik? In diesem Beitrag gehe ich dieser Frage am Beispiel der Bildung nach. Dabei wird deutlich, dass »Ökonomisierung« letztlich bedeutet, alle Erkenntnis qualitativ zu entleeren und in der abstrakten Quantifizierung der Geldrechnung aufzulösen.

Erkenntnistheoretische Überlegungen

Zunächst stelle ich einige erkenntnistheoretische Überlegungen an, um die eigentliche Sprengkraft des ökonomischen Imperialismus aufzudecken. Ob in Philosophie, Kognitions-, Sprach- oder Kommunikationswissenschaft: Heutzutage verweisen verschiedenste wissenschaftliche Disziplinen darauf, dass menschliches Erkennen weit mehr ist als einfach nur eine Beziehung zwischen einem erkennenden Subjekt und einem erkannten Objekt. Vielmehr spielt sich diese Beziehung immer schon in einem geteilten Horizont der Welterschließung ab: Menschen denken stets schon *in* und *mit* etwas, über das sie umgekehrt zumeist nicht selbst nachdenken. Die Sprach- und Kognitionswissenschaften bezeichnen dies als kognitive Deutungsrahmen (*frames*), die Psychologie als Schemata und die Wissenschaftstheorie als Paradigmen. Allgemein gesagt sind damit Interpretations- und Deutungsstrukturen gemeint, die Teile des lediglich impliziten Gedächtnisses bilden und damit einer aktiven Reflexion kaum oder gar nicht zugänglich sind. Diese Strukturen filtern, selektieren oder verstärken Wissensinhalte – und sie verschweigen oder blockieren sie auch, bevor jegliche Form bewussten Denkens einsetzt.

Aus dieser Vorstellung von Erkenntnis folgt, dass die Welt nicht einfach an und für sich wahrgenommen werden kann. Menschen begreifen sie stattdessen, indem sie stets schon auf bestimmte Vorverständnisse zurückgreifen. Dies ist insbesondere beim Verstehen so abstrakter Konzepte wie Bildung der Fall: Da dieses Konzept nicht unmittelbar auf etwas Reales verweisen kann, lässt es sich nur verstehen, wenn beim Hören oder Sagen dieses Worts unwillkürlich ein Frame aufgerufen wird, der aus einem Netz der Bedeutungen anderer Begriffe einerseits und (vorsprachlichen) Erfahrungen einschließlich emotionaler und leiblicher Aspekte andererseits besteht. Dieser Frame bestimmt darüber, was Menschen als »faktisch« wahrnehmen, wie sie es bewerten und was sie im Gegenzug ausblenden. Zudem entscheidet ein solcher Frame maßgeblich über Handlungsmotivationen und -impulse.

Vor diesem Hintergrund lautet meine These, dass der ökonomische Imperialismus auf eine komplette Um- und Neustrukturierung solcher Frames abzielt und damit nicht weniger als eine Ökonomisierung menschlicher Erkenntnis zu bewirken versucht: Ein Begriff wie Bildung wird seinem ursprünglichen kognitiven Deutungsrahmen gewaltsam entrissen und in einen Nährboden aus anderen Bedeutungsbezügen umgetopft – ein Prozess, der auch als *Reframing* bezeichnet werden kann. Ist dieser Imperialismus erfolgreich, erscheint Menschen eine komplett andere Welt nicht nur möglich, sondern selbstverständlich. Es ist, als hätten sie ein Tor durchschritten, ohne dass sie in ihre ursprünglichen Erkenntnisformen zurückkehren könnten. In der Pädagogik spricht man hier von Schwellenkonzepten (*threshold concepts*): Ihr Erlernen bedingt eine vollkommene Änderung der Perspektive, mit der eine Transformation der gesamten Weltwahrnehmung ebenso wie der persönlichen Identität einhergeht.

Im Folgenden werde ich am Beispiel des Begriffs »Bildung« skizzieren, wie der ökonomische Imperialismus diesen Prozess des Reframings anleitet. Speziell werde ich dabei auf den Bedeutungszusammenhang der Wortneuschöpfung »Humankapital« eingehen. Dabei konzentriere ich mich auf drei Prozesse des Reframings, die ich nicht nur im Bereich der Bildung, sondern für jede Form des ökonomischen Imperialismus als grundlegend erachte: die *Vermarktlichung*, die *Quantifizierung* und die *Monetarisierung* menschlicher Erkenntnis. Der Text, auf den ich mich dabei hauptsächlich stütze, ist die Schrift *Human Capital* der OECD aus dem Jahre 2007.

Vermarktlichung der Erkenntnis

Sehen wir uns zunächst den Artikel 7 (2) der Verfassung für das Land Nordrhein-Westfalen an:

> »Die Jugend soll erzogen werden im Geiste der Menschlichkeit, der Demokratie und der Freiheit, zur Duldsamkeit und zur Achtung vor der Überzeugung des anderen, zur Verantwortung für Tiere und die Erhaltung der natürlichen Lebensgrundlagen, in Liebe zu Volk und Heimat, zur Völkergemeinschaft und Friedensgesinnung.«

Ohne tiefe Analysen wird hier unmittelbar deutlich, wie der Begriff der Bildung in einen Bedeutungszusammenhang von Demokratie, Naturerhalt und Weltfrieden eingebettet sein kann. Schauen wir uns dazu im unmittelbaren Vergleich folgende Textpassage aus einer frühen Schrift der OECD an:

> »Heute versteht es sich von selbst, dass auch das Erziehungswesen in den Komplex der Wirtschaft gehört, dass es genauso notwendig ist, Menschen für die Wirtschaft vorzubereiten wie Sachgüter und Maschinen. Das Erziehungswesen steht nun gleichwertig neben Autobahnen, Stahlwerken und Kunstdüngerfabriken. [...] Und man hört auch schon von den Bankfachleuten, zumindest von den Wagemutigeren, dass die Erziehung und die Entwicklung des menschlichen Fähigkeitsreservoirs ein geeignetes Feld für produktivere Anleihen sein könnte« (OECD 1966, 46).

Hier handelt es sich um ein starkes Reframing: Bildung sieht sich nun in einen Frame der Wirtschaft, speziell des produktiven Investments eingelassen. Fand sie sich zuvor von Begriffen wie Menschlichkeit, Freiheit, Demokratie usw. umgeben, so ist sie nun von Maschinen, Fabriken, Anleihen usw. umstellt. Auch erfolgen weniger offensichtliche Umdeutungen. So verbindet die Landesverfassung Nordrhein-Westfalens Bildung mit Menschlichkeit und Demokratie durch den Begriff »im Geiste«. An der Stelle eines solchen offenen Horizontverständnisses etabliert die OECD ein klar instrumentelles Verständnis von Bildung: Menschen sollen durch sie für die Wirtschaft »vorbereitet« werden, und sie selbst mutieren zum bloßen Mittel für den

Zweck »produktiverer Anleihen«. Insbesondere der Begriff des Humankapitals, wie er ursprünglich in der *Chicago School of Economics* durch Theodore W. Schultz und Gary S. Becker erfunden wurde, zementiert dieses instrumentelle Verständnis. Definitorisch heißt es in der Schrift *Human Capital* der OECD: »Humankapital bedeutet nach der OECD-Definition Wissen, Qualifikationen, Kompetenzen und sonstige Eigenschaften, die dem Einzelnen eigen sind und es ihm ermöglichen, persönliches, soziales und wirtschaftliches Wohlergehen zu erzeugen.« (OECD 2007, 33)

Hier wird Bildung im Vergleich zur Landesverfassung Nordrhein-Westfalens zunächst individualisiert: Alles, was es in Bildungsprozessen zu erwerben gilt, wird begrifflich als Eigenschaft gefasst, die rein in Individuen verankert ist. Zugleich wird das instrumentelle Bildungsverständnis weiter verfestigt: Individuelles Wissen und Fähigkeiten werden als reine Mittel für persönliche, soziale und ökonomische Zwecke gerahmt. Ein Verständnis von Bildung im Sinne eines ergebnisoffenen Prozesses, der Menschen überhaupt erst die Bestimmung und Herausbildung von Zweckverständnissen ermöglicht, ist in diesem Bedeutungskontext nicht mehr enthalten.

Im Rahmen der Humankapital-Debatte wird das instrumentelle Verständnis von Bildung sodann spezifisch als individuelles Investment aufgefasst, »demzufolge namentlich die Mittel, die Menschen in sich selbst investieren – in den meisten Fällen, indem sie ihr Bildungsniveau verbessern –, eine wirkliche Steigerung ihres persönlichen Einkommens und Wohlergehens bringen.« (OECD 2007, 33) Dabei wird die Vorstellung von Investieren in ein Netz rein ökonomischer Begrifflichkeiten eingelassen. Ein Beispiel: »Was den Einzelnen betrifft, so sind die ökonomischen Erträge des Humankapitals – wie z.B. ein höheres Einkommen – zunächst einmal den Kosten gegenüberzustellen, die beim Erwerb dieses Kapitals verursacht wurden. Diese Kosten umfassen die während der Ausbildungszeit entgangenen Einnahmen sowie die durch die Bildung selbst anfallenden Kosten« (ebd., 37).

Auf diese Weise wird zwar über Bildung gesprochen. Aber der kognitive Deutungsrahmen dafür ist ein rein ökonomischer, der sich treffend als »Finanzieller-Transaktions-Frame« bezeichnen lässt: Wirklich Bedeutung erlangt Bildung hier allein dadurch, dass sie kontinuierlich mit Begriffen wie kaufen, verkaufen, bezahlen, Kosten, Preise, Gebühren, Geld, bezahlen, Kunde usw. verknüpft wird (Busse 2012, 61–67). Auffällig ist dabei, dass diese Begriffe in einer Schrift wie *Human Capital* nicht eigens erklärt, sondern stillschweigend als (selbst-)verständlich vorausgesetzt werden. Daraus lässt sich schließen, dass hier lediglich ein Lebenswelt-Wissen aktiviert wird: Menschen sollen sich Begriffe wie kaufen oder bezahlen nicht reflexiv erschließen, um sich so bewusst ein neues Verständnis von Bildung zu erarbeiten. Stattdessen wird ihr stillschweigendes Erfahrungswissen aktiviert, das sie durch ihr alltägliches Handeln – etwa beim Einkaufen in Supermärkten – erworben haben: Sie wissen, wie man sich auf Märkten benimmt, ohne genau sagen zu können, was sie dort eigentlich genau wie und warum tun. Indem Bildung wieder und wieder im Rahmen des Finanziellen-Transaktions-Frames beschrieben wird, wird ihr Verständnis genau in diesen impliziten Verstehenshorizont eingelassen. Der Schatz an Erfahrungen, der Menschen als Wirtschaftsakteur:innen intuitiv wissen lässt, wie sie in marktförmigen Beziehungen zu denken und zu handeln haben, avanciert so auch zum Sockel des Denkens für ursprünglich andere Erfahrungsbereiche und deren Begrifflichkeit. Dabei fungiert allein die Sprache als verbindendes Element: Eine neue Wahrnehmung von Bildung wird allein durch ihre sprachliche Kopplung mit Begriffen des marktwirtschaftlichen Austauschs geschaffen, und dies, ohne dass tatsächliche Erfahrungen von Bildung als Ware im Supermarkt nötig wären.

Quantifizierung der Erkenntnis

Was aber bleibt dann von Bildung? Aus meiner Sicht ist entscheidend, dass im Rahmen der Ökonomisierung von Erkenntnis diese Frage systematisch nicht beantwortet wird. Stattdessen wird der Begriff sämtlicher qualitativer Eigenschaften beraubt und in einen Frame des rein quantitativ Messbaren gestellt.

Beispiele hierfür finden sich im Kontext der Rede von Humankapital mannigfaltig. So beschwört die OECD etwa eine Wissensökonomie, in der alle Formen konkreter leiblicher Arbeit keine Rolle mehr spielen sollen. Stattdessen soll es in einer globalisierten Welt allein um geistige Leistungen gehen, die absolut unabhängig von konkreten Orten und Zeiten sein sollen: »Folglich steigt der Wert der Geistes- gegenüber der Muskelarbeit, und die Einkommensschere zwischen hoch- und geringqualifizierten Arbeitskräften geht weiter auseinander« (OECD 2007, 15). Nicht um »harte physische Faktoren« gehe es in der Bildung, sondern lediglich um den Erwerb und die Verarbeitung immaterieller, nicht greifbarer Informationen: »Immer bestehen sie nur aus Einsen und Nullen« (ebd., 25). Bildung wird so von Erfahrungswissen sowie verleiblichten Fähigkeiten gelöst und der Körper wird zu einem merkwürdigen Container immaterieller, rein geistiger Fähigkeiten degradiert.

Bei genauerem Hinsehen zeigt sich, dass es der OECD noch nicht einmal um die Definition dieser Fähigkeiten geht. Eher drängt sie dazu, Bildung als reine Quantität, d. h. in Form untereinander absolut vergleichbarer, abzählbarer und damit rechenbarer Maßeinheiten vorzustellen. Hierzu einige Überlegungen. Wer derart in sein Humankapital investiert, der muss Bildung als etwas deuten, das er wie Orangen oder Äpfel im Supermarkt abzählen, wiegen oder anderweitig messen kann. Ein Verständnis von Bildung als Ware oder Investitionsgut setzt stillschweigend voraus, dass dies *irgendwie* möglich ist. Bei der OECD äußerst sich dieses Selbstverständnis so:

> »Wir leben in einer Welt, in der fast alles gemessen wird. Das geht schon gleich nach der Geburt los: Da werden erst einmal Größe und Gewicht festgestellt. Und nach dem Tod wird noch ein letztes Mal Maß genommen. In der Zeit dazwischen kann und wird auch zumeist so ziemlich jeder Aspekt des Lebens gemessen: unsere körperliche Entwicklung, unsere schulischen Leistungen, unser Wert für den Arbeitgeber und unsere sportlichen Fähigkeiten. Messgrößen spielen eine wichtige Rolle.« (OECD 2007, 134)

Trotz – oder vielleicht gerade wegen – dieser absoluten Gewissheit bleibt erstaunlich unbestimmt, wie Bildung in eine Messgröße transformiert werden soll. So schlägt die OECD etwa vor, Bildung in (abstrakten) Zeiteinheiten, also etwa in Stunden, Tagen oder Jahren zu bemessen – ein Prinzip, das etwa im *European Credit Transfer System*, also den notorischen ECTS-Punkten als Kernelement der Bologna-Reformen im europäischen Hochschulwesen wirkmächtig geworden ist. Oder es soll eine anderweitig abstrakte Maßeinheit aus einer statistisch erfassbaren Ansammlung von Wissensbeständen ermittelt werden – so geschehen etwa im Falle der PISA-Studien.

Durchaus gibt die OECD große Schwierigkeiten bei der Konzeption und Sinnhaftigkeit solch abstrakter Maßeinheiten zu. Doch führt dies nicht dazu, die Messbarkeit an sich in Zweifel zu ziehen. Stattdessen scheint auf merkwürdige Weise immer schon festzustehen, dass eine quantifizierbare Einheit existieren muss, obwohl offenbar niemals ein genaues Wissen um ihr eigentliches Wesen ermittelt werden kann. Warum aber ist dies so?

Monetarisierung der Erkenntnis

Der Grund liegt darin, dass stillschweigend stets die Denkform des Geldes als eigentlicher Verstehenshorizont und damit grundlegender Frame vorausgesetzt wird. Denn tatsächlich lässt sich im Finanziellen-Transaktions-Frame nur denken, wenn die Existenz von Geld immer schon selbstverständlch erscheint.

Dies meine ich dabei in einem spezifischen Sinn: Die ständige Rede von kaufen, verkaufen, investieren usw. macht nur Sinn, wenn etwas angenommen wird, das zwischen qualitativ vollkommen Unterschiedlichem (etwa Wissen, Fähigkeiten, Kompetenzen im Bereich der Bildung) vermitteln kann. Was aber ist dieses Etwas? Ohne davon wirkliche, d. h. explizier- und reflektierbare Kenntnis zu haben, sind Menschen es in ihrem Erfahrungswissen gewohnt, das Geld als diese

Vermittelnde anzunehmen. Das Geld »verkörpert das Quantitative in kategorischer Absetzung zum Qualitativen. Das Geld hat alle Inhaltlichkeit als ein konkretes Gut abgestreift, es ist die Inkarnation einer Entleerung von aller Qualität« (Krämer 2005, 85–86). Indem der ökonomische Imperialismus lehrt, alles und jedes stillschweigend so zu denken, als könne man es für Geld erwerben, fungiert er gleichsam wie eine ungeheure »Maschine der Kontextentbindung« (Winkler, zitiert nach Krämer 2005, 88). Nichts muss mehr daran interessieren, was Bildung tatsächlich ist, sondern allein, wie sie sich in *irgendeinem* rechenbaren Wert ausdrückt, der selbst über keine konkret fassbare Einheit verfügt.

Sprichwörtlich bekannt ist, dass sich Äpfel nicht mit Birnen vergleichen lassen. Denn beide lassen sich zwar abzählen, ihre Qualität ist aber zu unterschiedlich, um sie gegeneinander aufrechnen zu können. Zahl fungiert hier, allgemein gesagt, als konkrete Einheit: Sie ist Einheit von etwas Gegenständlichem, Greifbaren, Konkreten. Gewiss lässt sich nun eine abstraktere Einheit schaffen (»Stück Obst«), die Äpfel und Birnen zusammenfasst und so nun doch eine Verrechnung untereinander möglich macht . Kurz gesagt, treibt der ökonomische Imperialismus diesen Prozess des Denkens in immer abstrakteren Einheiten auf die Spitze: *Alles* soll ineinander umrechenbar werden können – selbst Äpfel in Bildung.

Von alldem erfahren wir in Texten wie *Human Capital* allerdings nichts ausdrücklich. Stattdessen unterstellt die OECD ohne weitere Begründung, dass Bildung in Berechnungen des gesamtgesellschaftlichen Wachstums einfließen kann. Wie Wößmann und Piopunik (2009, 30) deutlich machen, kann dies etwa folgenden mathematischen Charakter annehmen:

$$\Delta^t = \mathit{Wachstumskoeffizient} * \Delta PISA * \frac{1}{\mathit{Erwerbslebensdauer}} * \frac{t-2010}{10} + \Delta^{t-1}$$

Bildung findet sich hier nur noch als PISA-Punkte (Δ PISA) wieder. Sie wird allerdings nur dann berechenbar, wenn die Punkte selbst keinerlei inhaltliche Differenz mehr aufweisen. Denn würde hier noch ein Fünkchen qualitativer Wertaussage verbleiben, so ließen sich PISA-Punkte weder mit Zeiteinheiten (»Erwerbslebensdauer«, Jahreszahl »t«) verrechnen, noch in eine mathematisch sinnvolle Beziehung zur Veränderung des gesamtwirtschaftlichen Wachstums (Δ^{t}) bringen. Zahlen durfen hier nicht mehr in konkreten Einheiten fassbar, sondern umgekehrt jede Einheit nur noch reine Zahlen sein. Ansonsten wäre die Wachstumsformel schlicht sinnlos.

Welchen Frame müssen Menschen nun aktivieren, um sich Einheiten von Bildung als reine Zahl vorstellen zu können? Kurz gesagt, finden sich in der Forschung dazu zwei unterschiedliche, gleichwohl aber zusammenhängende Anworten. Erstens sind es Expert:innen im Frame rein mathematischer Berechnung gewohnt, mit Zahlen nach den Regeln der Mathematik zu hantieren, ohne dafür sagen zu müssen, was diese Zahlen eigentlich repräsentieren sollen. Um Gleichungen wie die oben Genannte zu lösen, ist nur wichtig, dass und wie man rechnet, nicht aber, mit was man rechnet. Ökonomische Wachstumsexpert:innen müssen also nicht wissen, was Bildung ist, ja noch nicht einmal, was PISA-Punkte repräsentieren sollen, und können dennoch – oder vielmehr gerade deswegen – die funktionale Rolle von Bildung in Steigerungen des Bruttosozialprodukts ermessen.

Zweitens, und in unserem Zusammenhang wohl wichtiger, sind nicht nur Expert:innen, sondern die allermeisten Menschen intuitiv in der Lage, das ob seiner qualitativen Unterschiede eigentlich Unvergleichbare dennoch miteinander zu vergleichen, indem sie (implizit) alles in Geldeinheiten ausdrücken. Ob Äpfel, Birnen, Mathematikunterricht oder Universitätsstudium: Gewohnheitsmäßig ist jeder, der im Supermarkt einzukaufen gelernt hat, in der Lage, alles miteinander zu vergleichen, sobald sie oder er es sich als Waren vorstellt, denen ein Geldpreis zugrundeliegt. Und so auch bei Humankapital: Hier müssen wir uns lediglich Menschen imaginieren, denen ein Preisschild umgehängt ist.

Die Wirkkraft des Gelddenkens liegt darin, die reine, inhaltslose Zahl zu repräsentieren: Geld verkörpert das Nichtkörperliche, vergegenständlicht das Nichtgegenständliche und macht das Nichtsinnliche wieder sinnlich erfahrbar. Es ist, wie oben zitiert, »die Inkarnation einer Entleerung von aller Qualität« und indem Menschen täglich mit ihm umgehen, wird es ihnen völlig selbstverständlich, alles miteinander zu verrechnen und untereinander zu vergleichen, ohne je sagen zu können, worin eigentlich dessen wirklich konkret erfahrbaren Werte liegen mögen.

> »Das Geld ist einem ›Stoff‹ inkorporierte, sichtbar *und* handhabbar gemachte Wertabstraktion. Geld ist damit die konkrete Verkörperung indexloser Allgemeinheit. Das Abstrakte und das Allgemeine begegnen uns gewöhnlich als Resultat eines geistigen Prozesses [der rein mathematischen Berechnung, S.G]; im Geld aber wird die Abstraktion Element einer alltäglichen Praxis, die nicht von intellektueller und erst recht nicht von wissenschaftlicher Signatur ist« (Krämer 2005, 90).

Genau auf diese alltägliche Praxis rahmt der ökonomische Imperialismus alle menschliche Erkenntnis. Denn ob OECD oder *Chicago School*: Intuitiv verständlich werden deren Berechnungen von »Investitionen in Humankapital« nur, wenn Menschen Wachstum zumindest implizit in Form des Bruttosozialprodukts und dieses wiederum in Geldeinheiten messen sowie Bildung auf eine damit verrechenbare indexlose Allgemeinheit bringen (ECTS-Punkte, PISA-Punkte etc.). Und damit nicht genug: Alle Erkenntnise, die wiederum auf dieser Allgemeinheit aufbauen – so etwa »Investitionsentscheidungen« in Schulen oder Universitäten des Unterrichts –, werden sodann ebenfalls implizit aus diesem Horizont erwachsen.

»Die der Geldrechnung eigentümliche berechende Form wird zur bestimmenden im Denken und Handeln« (Brodbeck 2009, 848) und dient dabei nicht nur als geistiges Fundament der Marktwirtschaft, sondern zunehmend auch aller anderen Lebensbereiche. Karl-Heinz Brodbeck macht darauf aufmerksam, dass damit gerade auch eine Veränderung der Subjektivität des Menschen einhergeht. Denn die Motive, Emotionen und Handlungsimpulse von Menschen, bei denen Erkenntnis stillschweigend im tiefsten Grund nur auf einer Denkform ruht, die ihren »Ursprung in der reinen Quantität einer fiktiven Einheit hat« (ebd.), können wesentlich nur aus einem Streben nach immer mehr dieser Quantität und damit aus der Geldgier erwachsen. »Alle Superlative von ›größer‹, ›weiter‹, ›schneller‹, ›höher‹, ›besser‹, ›genauer‹ etc. über das ›Häufigste‹, ›Meiste‹, bis ins Mikroskopische des ›Kleinsten‹ werden zur Allgegegenwart« (ebd.). Genau dies trifft auch auf die Ökonomisierung von Bildung zu: Wie selbstverständlich soll sie einem Mehr an Wirtschaftswachstum oder einer Steigerung des Einkommens dienen und all diese »Verbesserung« durch einen Zuwachs an Bildungszeit oder eben PISA-Punkten erkaufen. Doch ein konkret fassbares Ziel gibt es für all das nicht.

Niemand muss also sagen können, was all diese Superlative ausmacht, eben weil Menschen es im Frame der Geldverwendung gewohnt sind, auf diese Frage keine Antwort zu geben. Wenn aber – spätestens etwa anhand konkreter Bildungsfragen in Schulen – die Sprache doch auf Inhalte kommen sollte, so droht sich die Beweislast umzukehren: Dann geht es nicht mehr darum, herauszufinden, welche Inhalte sich eigentlich hinter den Zahlen verbergen, sondern aller Inhalt wird umgekehrt daran gemessen, wie er den Zahlen dienen kann.

Schluss

Das Kernproblem des ökonomischen Imperialismus liegt darin, dass sein eigentlicher Fluchtpunkt stets im Unbewussten verborgen bleibt. Denn indem er all unsere Welt- und Selbstwahrnehmung nach dem Vorbild des Gelddenkens prägt, zwingt er dazu, von allen konkreten Erfahrungen blindlings zu abstrahieren. Diese Abstraktion ist Menschen im Gebrauch des Geldes (und nur dort!) vollkommen selbstverständlich.

Widerstand gegen diese Art blinder Ökonomisierung kann in der Bildung erstens darin liegen, dass man diesen widersprüchlichen Prozess als Bildungs*inhalt* selbst thematisiert und so auf seine tiefe Irrationalität und vollkommene Leere verweist. Zweitens ist entscheidend, alternative Frames – wie etwa den aus der Verfassung Nordrhein-Westfalens – zu stärken und dabei spezifische Formen der Sprachlichkeit mit Erfahrungskontexten und Weltwissen jenseits des Supermarkts zu verbinden. Drittens – und vielleicht am wichtigsten – lässt sich Widerstand gegen den ökonomischen Imperialismus leisten, indem man die tiefsitzenden Routinen der geldgeprägten Selbst- und Weltdeutung schlicht und ergreifend sein lässt. Zu meinen, sie ließen sich zähmen oder sogar für qualitative Zwecke nutzen, halte ich für illusorisch. Denn die Macht und Gewalt dieses Frames besteht genau darin, jeden, aber auch wirklich jeden solcher Zwecke systematisch zu entleeren und in Nichts aufzulösen.

Literatur

Becker, Gary S. (1990): The Economic Approach to Human Bevavior. Chicago: University of Chicago Press

Brodbeck, Karl-Heinz (2009): Herrschaft des Geldes. Darmstadt: WBG

Busse, Dietrich (2012): Frame-Semantik, Ein Kompendium, Berlin/Boston: de Gruyter

Krämer, Sybille (2005): Das Geld und die Null: Die Quantifizierung und die Visualisierung des Unsichtbaren in Kulturtechniken der frühen Neuzeit. In: Hempfer, Klaus W. (Hrsg.), Macht Wissen Wahrheit. Freiburg i. Br.: Rombach, S. 79–100

OECD (1966): Wirtschaftswachstum und Bildungsaufwand. Wien: Europa Verlag

OECD/Keeley, Brian (2007): Human Capital. How What You Know Shapes Your Life (OECD Insights). https://www.oecd-ilibrary.org/docserver/9789264029095-en.pdf [Zugriff: 05.03.2021]

Wößmann, Ludger/Piopiunik, Marc (2009): Was unzureichende Bildung kostet. Gütersloh: Bertelsmann Stiftung

Das Ich als Unternehmen: Selbstökonomisierung

Christian Dries

Selbstökonomisierung ist ein schillernder Begriff. Kurz gesagt, bezeichnet er die Vermarktung der eigenen Arbeitskraft, genauer: die pausenlose Steigerung und Anpreisung ökonomisch verwertbarer individueller Anlagen und Fähigkeiten durch ihre Besitzerinnen und Besitzer. Damit ist freilich kein eindeutiger Sachverhalt beschrieben. Vielmehr handelt es sich um einen Oberbegriff für verschiedene Weisen, die eigene Haut zu hegen, um sie zu Markte zu tragen. Diese Ausdrucksformen wiederum lassen sich als Spezialfall dessen begreifen, was man mit einem aus der Technik entlehnten Neologismus

Selbstoptimierung nennt. Wie so oft sind auch hier die Grenzen fließend. Das weit verbreitete Bleichen der Zähne (*bleaching*) oder die chirurgische Nasenkorrektur, ja selbst der gegenwärtige Beauty-Trend zum überdimensionierten »Brazilian Butt« lassen sich sowohl unter Optimierungs- als auch Ökonomisierungsgesichtspunkten verstehen. Als Krankheitsbild wäre Selbstökonomisierung, vergleichbar dem häufig aus ihr resultierenden Burnout-Syndrom, also hochgradig diffus. Das gilt auch für den Begriff der Ökonomisierung, der ganz allgemein verstanden nichts weiter meint als »die Ausbreitung formaler Märkte in Bereichen, die bisher durch andere Mechanismen geregelt wurden« (Kirchgässner 2007, 405), bzw. die effiziente(re) Erreichung spezifischer, nicht nur ökonomischer Ziele mit begrenzten Mitteln.

Weil sie Arbeits- *und* Lebenshaltung zugleich ist, changiert Selbstökonomisierung zwischen kontinuierlicher Selbstvervollkommnung, Erfolgsfaktor und Problemanzeige (Stichwort Selbstausbeutung). Indem sie stets einen äußeren, von sozialen Einflüssen niemals unabhängigen Maßstab verinnerlicht – und sei es den des selbst erstellten Businessplans oder des eigenen Körperfettanteils –, oszilliert sie zudem zwischen Selbst- und Fremdzwang. Obendrein ist sie Indiz einer anthropologischen Universalie: der fundamentalen Weltoffenheit des Menschen, die diesen dazu nötigt, sich seine jeweilige Lebensform selbst zu geben, inklusive aller Nebenfolgen und Pfadabhängigkeiten. Damit ist wiederum angedeutet, dass Selbstökonomisierung nicht nur einzelne Individuen, sondern auch kollektive Akteure und Institutionen wie Sportvereine oder Universitäten betrifft, ja sogar ganze Nationen. Sie alle streben heute einträchtig danach, »gut aufgestellt« zu sein und »wettbewerbsfähig« zu bleiben. Selbstökonomisierung kann daher nicht als individuelles Problem, sondern nur als soziokulturelles Leitbild – als gegenwärtiger »Geist des Kapitalismus« (Max Weber) – und allgegenwärtige gesellschaftliche Praxis begriffen werden. Vor Selbstökonomisierung ist heutzutage niemand mehr gefeit, gerade jene nicht, die sie am eloquentesten beklagen. Und so optimieren wir als Broker unserer selbst unseren Lebenslauf ebenso wie unseren Schlafrhythmus oder unsere Verdauung, schmieden Ernährungspläne und schwitzen beim Workout, erstellen Rankings und lassen uns *liken*, getrieben von den Dienstmägden und Aufsichtsratsvorsitzenden unseres Ein-Personen-Unternehmens: den Coaches und Personal Trainern, Ernährungsexperten, Aufräumberaterinnen und Life-Tracking-Apps; ein vielstimmiger Chor, der uns pausenlos anfeuert und im Namen der Work-Life-Balance paradoxerweise zugleich vor zu viel Optimierung warnt. So oder so, das individuelle Startkapital gilt in der spätmodernen Wettbewerbsgesellschaft nicht mehr als Geschenk. Es will 24/7 »investiert« werden, auf dass es sich stetig mehre. – Wie ist es dazu gekommen?

Der *homo oeconomicus* und das Ökonomisierungssyndrom der Moderne

Aus philosophischer Warte betrachtet, hatte Selbstökonomisierung niemals einen guten Beiklang. Das gilt die längste Zeit der Menschheitsgeschichte und im allgemeinen Sprachgebrauch bis heute für Ökonomisierung generell. Was Aristoteles, der die private Haushaltsführung (*oikos*) als eines freien Bürgers unwürdig erachtete, schlicht mit Unverständnis quittiert hätte, galt dem Mittelalter sogar als sündhaft. Arbeit blieb auf den Erwerb des Lebensnotwendigen beschränkt und ließ sich darüber hinaus zur Disziplinierung fleischlicher Begierden instrumentalisieren. Sie zur Wohlstandsmehrung einzusetzen, war streng verpönt, und noch der aufgeklärte Bürger setzte sein individuelles Glücksstreben ins Verhältnis zum »gemeinen Nutzen« der Gesellschaft. Jedoch mehrten sich in der Neuzeit Stimmen, die wie Bernard de Mandeville und später Adam Smith nach dem Motto: »Wenn jeder an sich denkt, ist an alle gedacht«, das Gemeinwohl gleichsam automatisch aus der Summe individueller Vorteilsnahme hervorgehen sahen (Smith prägte dafür bekanntlich das Bild der *invisible hand*). So ließ sich die im Mittelalter als Erzlaster geächtete Habgier sukzessive zum vernünftigen Eigeninteresse und damit zur gemeinwohlförderlichen Tugend umdeklarieren. Das Beispiel zeigt: Der Kapitalismus ist nicht bloß ein Zwangssystem, dessen Durchsetzung historisch mit roher Gewalt, Landnahme und Ausbeutung einherging (so Karl Marx im 24. Kapitel von *Das Kapital*). Er hat auch soziokulturelle und psychodynamische Ermöglichungsbedingungen. Max Weber zufolge zeichnet er sich durch ein – schlussendlich die gesamte menschliche Lebensführung dominierendes – *Ethos* aus, in dessen Zentrum anstelle von Zufriedenheit, Besitzstandswahrung oder Verschwendung wirtschaftskompatible Eigenschaften wie Fleiß, Effizienz, Gewinnstreben und Sparsamkeit stehen, kurz: die »*rationale* Gestaltung des ganzen Daseins« (Weber 1988, 163). Das höchste Gut dieser Ethik sei »der Erwerb von Geld und immer mehr Geld, unter strengster Vermeidung alles unbefangenen Genießens« (ebd., 35).

Webers empirischer Ausgangspunkt war die Beobachtung, dass Unternehmer und gebildete Arbeiter sich zu Beginn des letzten Jahrhunderts eher in protestantischen Milieus fanden. Ihre »spezifische Neigung zum ökonomischen Rationalismus« (ebd., 23) führte er zwar nicht unmittelbar auf die reformatorische Aufwertung der Arbeit oder das strenge Reglement protestantischer Lebensführung zurück, sah zwischen den rigiden Glaubenssätzen des Puritaners und dem Ethos des Geschäftsmanns – idealtypisch verkörpert in Benjamin Franklin (»Remember that time is money«) – aber eine enge »Wahlverwandtschaft«. Eine besondere Rolle spielte nach Weber dabei ursprünglich die Prädestinationslehre Johannes Calvins (1509–1564). Ihr zufolge ist immer schon von Gott vorherbestimmt, wer am Lebensende in den Himmel oder die Hölle kommt – und zwar unabhängig davon, was man auf Erden je getan hat. Weder gute Werke noch Beichte oder Ablass können die brennende Ungewissheit über das eigene Jenseitsschicksal lindern. So sehr sich der des Heils Ungewisse auch durch gottgefälligen Lebenswandel müht, mehr als eine vage Hoffnung auf die göttliche Gnadendividende lässt sich dadurch nicht erwirtschaften. Als ökonomisches Credo taugt dieser Fatalismus offenkundig nichts. In den Schriften des puritanischen

Pfarrers und Erbauungsschriftstellers Richard Baxter (1615–1691) findet Weber jedoch eine pragmatisch-utilitaristische Auslegung jener unbarmherzigen Gnadenwahllehre, der er einen vitalisierenden Effekt auf die Entfaltung des modernen Kapitalismus zuspricht: Man solle, so Baxter, sich schlicht für erwählt *halten* und alle Selbstzweifel mittels »*rastlose[r] Berufsarbeit*« und »methodisch gepflegter und kontrollierter, d. h. also *asketischer Lebensführung*« suspendieren (ebd., 105, 135).

Das Grundproblem bleibt virulent: Der Prädestinationsstress kann nicht durch gute Werke gemildert werden. Doch immerhin lässt er sich nun mit minutiöser Selbstkontrolle, unermüdlicher Arbeit und beständiger Geldvermehrung durch rigiden Sparzwang in Dauerschach halten. Als »Geist des modernen Kapitalismus«, dessen »erste und prinzipiell schwerste Sünde« die Zeitvergeudung ist (ebd., 167, 197), wird diese Haltung nach Weber zu einem *kulturellen* Motor, der Kapitalakkumulation und Selbstökonomisierung befeuert. Er stimuliert die intrinsische Motivation, das eigene Leben von seinen subsistenzwirtschaftlichen Füßen auf den Kopf der Mehrwertorientierung zu stellen. Wer von diesem »Geist« getrieben wird, bildet die entsprechenden Dispositionen aus; wer ihm zu entkommen sucht, riskiert den ökonomischen Abstieg, schlimmstenfalls gar den sozialen Tod: »Der heutige, zur Herrschaft im Wirtschaftsleben gelangte Kapitalismus also erzieht und schafft sich im Wege der ökonomischen *Auslese* die Wirtschaftssubjekte – Unternehmer und Arbeiter – deren er bedarf.« (Ebd., 37)

Vor diesem Hintergrund hat sich im 20. Jahrhundert in den westlichen Sozialwissenschaften ein Ansatz zur Erklärung und Prognose menschlichen Verhaltens etabliert, dessen Leitbild der sogenannte *homo oeconomicus* ist, der zweckrational handelnde Nutzenmaximierer. Dieser auch als Theorie der rationalen Wahl (*rational choice*) bekannte Ansatz unterstellt ferner, dass die von ihm beforschten Akteure über stabile grundlegende Präferenzen wie Gesundheit oder Anerkennung verfügen und ihre Handlungen auf wettbewerblichen Märkten koordinieren. »Alles menschliche Verhalten« kann gemäß Gary S. Becker, einem prominenten Vertreter dieses Ansatzes,

»so betrachtet werden, als habe man es mit Akteuren zu tun, die ihren Nutzen, bezogen auf ein stabiles Präferenzsystem, maximieren und sich in verschiedenen Märkten eine optimale Ausstattung an Information und anderen Faktoren schaffen.« (Becker 1993, 15) Dabei spielt es keine Rolle, ob es um die Preiserhöhung eines Lebensmittels oder den »Schatten-Preis« des Kinderkriegens geht, die Besteuerung einer Ware oder die Bestrafung Krimineller (für Becker eine »Steuer« auf kriminelle Handlungen), die Wahl einer Kaffeesorte oder eines Ehepartners. Aus Sicht der Theorie rationaler Wahl lässt sich *jede* Handlung einer Kosten-Nutzen-Rechnung unterziehen – alles hat seinen Preis bzw. »kostet« Zeit. Vernünftig ist demzufolge nur, was den individuellen Grenznutzen nicht übersteigt bzw. keine unzumutbaren Nebenkosten verursacht. In den Worten George Bernhard Shaws, den Becker zustimmend zitiert: »Ökonomie ist die Kunst, das Beste aus dem Leben zu machen.« (Ebd., 1) Eine ziemlich offene Definition, bedenkt man, dass ökonomische Verhältnisse sich stetig ändern. Was im Sinne des Nutzenmaximierers das jeweils Beste unter den gegebenen Umständen ist, unterliegt wie alles dem historischen Wandel. Was also sind die gegenwärtigen Gesichter des *homo oeconomicus*, welcher »Geist« treibt ihn heute an?

Formen und Folgen der Selbstökonomisierung

Unterstellt man mit Weber, dass jede Wirtschaftsform die Subjekte hervorbringt, die sie zu ihrem eigenen Erhalt benötigt, dann ist der *homo auto-oeconomicus* ein eher junges Phänomen. Standen sich bis weit über die Mitte des vergangenen Jahrhunderts Arbeiter, Angestellte und Arbeitgeber noch mit klaren Rollenverteilungen gegenüber, hat sich in den letzten Dekaden das Leitbild des »Arbeitskraftunternehmers« und des »unternehmerischen Selbst« durchgesetzt. Zu den Kernkompetenzen dieser zeitgenössischen Sozialfiguren zählen nicht mehr der eigenheimfixierte Aufstiegswille und der soziale Konformismus des klassischen Wohlfahrtsstaatsbewohners, der selbst ungeliebter Arbeit um der Zukunft seiner Kinder willen treu blieb und notfalls Dienst nach Vorschrift schob. Gefragt sind heutzutage Entschlossenheit und Einsatzfreude, Mobilität, Flexibilität, Kreativität, emotionale Intelligenz und gutes *change management*, kurz: eine gehörige Portion Selbstökonomisierung, und das nicht nur am Arbeitsplatz, sondern auch in der Freizeit, mit fließenden Grenzen zwischen beiden ehemals getrennten Lebensbereichen.

Mit der idealtypischen Figur des »Arbeitskraftunternehmers« nehmen G. Günter Voß und Hans J. Pongratz diesen Strukturwandel aus der Perspektive der Arbeitskraft in den Blick. Diese hat in kapitalistischen Gesellschaften den Status einer Schlüsselware. Als zentrales physisch-geistiges Vermögen zur (Re-)Produktion kann ihr Besitzer sie zu Geld machen, um seinen Lebensunterhalt zu bestreiten, ihr Käufer daraus Mehrwert schlagen (so klassisch bereits Marx). Ohne Arbeitskraft keine ökonomische Existenz. Darüber hinaus ist Arbeitskraft als gleichermaßen universell-menschliches wie individuell spezifisches Vermögen aufs Engste mit der Person verknüpft, die über sie verfügt, und auch insofern keine Ware wie jede andere. Das heißt, wenn sich mit veränderten Produktionsbedingungen auch die Anforderungen an sie ändern, hat das Effekte auf das Selbstverhältnis der Betroffenen. Voß und Pongratz zufolge führen nun der verschärfte globale Wettbewerb, die korrespondierenden, in kritischer Absicht meist als »neoliberal« bezeichneten Restrukturierungen und der Abbau wohlfahrtsstaatlicher Garantien zu einem Wandel im Verhältnis von Arbeitskraft und Unternehmen – vom Typus des »verberuflichten Arbeitnehmers« hin zum »Arbeitskraftunternehmer«. Letzterer ist ein Arbeitnehmer, dessen Leitbild sich »dem des Selbständigen und des Unternehmers annähert« und der sich durch Eigenschaften wie erweiterte Selbstorganisation und Selbstkontrolle auszeichnet, was bis zur »effizienzorientierten Durchgestaltung des eigenen Lebens« reicht (Voß/Pongratz 1998, 133, 143). Dabei geht es im Kern stets darum, dass die »Transformation von Arbeitskraft in Arbeitsleistung [...] in grundlegend erweiterter Form den Arbeitenden zugewiesen wird« (ebd., 138), weil diese Transformation durch

Arbeitsvertrag und Lohn allein kaum sichergestellt werden könne. So unspektakulär dieser Befund auch erscheinen mag, ein »schon selbsttätig aufgeweckter, manifester Leistungsträger ist etwas völlig anderes als ein noch schlafendes, latentes Arbeitsvermögen, das von Seiten des Betriebes heftigst geschoben und überwacht werden muss, damit es die Verausgabung seiner selbst in der erwarteten Weise betreibt.« (Ebd., 141) Was auf der einen Seite einen Autonomiegewinn darstellt – mehr Eigenverantwortung und größere Entscheidungsspielräume im Rahmen von Gleitzeit, projektförmiger Arbeit, Zielvereinbarungen u. ä. –, erhöht auf der anderen Seite das Stresslevel. Selbst wenn der durchschnittliche Arbeitskraftunternehmer noch immer als Festangestellter tätig ist und nicht als Contractor, Freelancer oder Scheinselbständiger, steht er unter dem Dauerdruck deregulierter Beschäftigungsverhältnisse (befristete Jobs, Werkverträge, Leiharbeit, Subunternehmertum usw.), entgrenzter Arbeitszeiten, gesteigerter Zugriffe auf seine individuellen Ressourcen (Homeoffice) und Fähigkeiten (Reprofessionalisierung, lebenslanges Lernen usw.). Was vorher dem Management oblag, etwa die Ertüchtigung der Arbeitskraft oder die Ausgestaltung und Kontrolle von Arbeitsabläufen, liegt nun verstärkt in seiner Hand. Schlimmer noch: Der Unternehmenserfolg erfordert jetzt die gesamte Person. Damit verschärft das neue Arbeitskraftregime die Selbstausbeutung und betrifft zunehmend den ganzen Menschen. Die Selbstökonomisierung wird tendenziell total.

In eine ähnliche Richtung zielt Ulrich Bröckling mit seinen Studien zum »unternehmerischen Selbst«. Ausgehend von Michel Foucault konzentriert er sich auf die Auswirkungen dieses neuen Leitbilds auf das Subjekt. »Ein Subjekt zu werden ist ein paradoxer Vorgang«, so Bröckling. Schließlich muss man dabei immer schon unterstellen, was am Ende herauskommen soll. Zudem sind Unterwerfung und Hervorbringung, Autonomie und Heteronomie in diesem Prozess unauflösbar ineinander verwoben. Indem es alle Kräfte, die unabwendbar auf es einwirken, selbsttätig aufnimmt und modifiziert, wird das Subjekt »zugleich Wirkung und Voraussetzung, Schauplatz, Adressat und Urheber von Machtinterventionen.« (Bröckling 2007, 21) Gleichwohl ist das Leitbild des unternehmerischen Selbst für Bröckling vor allem eine »Nötigung zur Arbeit an sich selbst.« Die Ergebnisse dieses »Verfleißigungsprogramms« (Bröckling 2016, 385, 387) müssen sich schließlich vor dem Tribunal des Marktes beweisen – freilich ohne, dass es dort jemals zu endgültigen Verurteilungen oder Freisprüchen käme. »Das macht die Urteilssprüche keineswegs weniger brutal«, so Bröckling. Im Gegenteil: »Was auch immer man tut, die Anschuldigung, nicht wettbewerbsfähig, nicht ›erfolgstüchtig‹ genug zu sein, wird man nie los.« (Bröckling 2017b, 252–253) So ist das unternehmerische Selbst bei Bröckling letztlich mehr ein unterworfenes und getriebenes als ein autonomes Subjekt. Denn wer in allen Lebensbereichen als Unternehmer(in) auftreten soll, wird – über ökonomische Anreize – steuerbar (gemacht). Das *role model* des Unternehmers ist daher in sich hochgradig widersprüchlich: Die Protagonisten der *Enterprise Culture* unterstellen gerade nicht (wie noch Adam Smith), der Mensch sei *anthropologisch* gesehen ein geborener Nutzenmaximierer. Als Entrepreneur, als »eine Wiederkehr wie eine radikale Inversion des *homo oeconomicus*« (Bröckling 2016, 381), muss er vielmehr permanent stimuliert, stets aufs Neue und in immer neuen Gestalten hergestellt werden. In seinen jüngsten Untersuchungen macht Bröckling dies am Beispiel spezieller Regierungskünste wie Mediation, Nudging oder Resilienztraining deutlich. Letzteres soll die Widerstandskräfte des Individuums nicht zuletzt gegen die Zumutungen der modernen flexibilisierten Arbeitswelt stärken. Dahinter steckt nach Bröcklig eine Logik, die strukturelle Probleme individualisiert: »Statt Belastungen abzubauen, erhöht man die Belastbarkeit« (Bröckling 2017a, 122), statt in die Speichen des Hamsterrads zu greifen, macht uns Resilienzförderung zu Stehaufmännchen.

Unverkennbar ist zu guter Letzt der Bezugspunkt, den Luc Boltanski und Ève Chiapello in ihrem Buch *Der neue Geist des Kapitalismus* (2003) wählen. Ihre Revision der Weber-These läuft auf den Befund hinaus, dass der Kapitalismus im Laufe der 1970er- und 80er-Jahre seinen protestantischen Geist abgeschüttelt und sich neue kulturelle Antriebsquellen erschlossen hat, um sein eigenes Überleben zu sichern. Boltanski und Chiapello zufolge entwickelt der Kapitalismus im Laufe seiner Entfaltung nämlich wechselnde Rechtfertigungen und »Überzeugungsmodelle«, um die Menschen, die in seinem Rahmen nicht nur neue Bedürfnisse, sondern bisweilen auch kapitalismuskritische Haltungen entwickeln, immer wieder für die Sache der unablässigen Kapitalakkumulation zu begeistern. Der »neue Geist« des projektförmigen »Netzwerkkapitalismus« unserer Tage zeichnet sich nach Boltanski und Chiapello nun insbesondere dadurch aus, dass er die Kritik der *creative class*, der Künstler und Intellektuellen, für sich selbst produktiv gemacht hat. Aus der monotonen, kreativitätstötenden, Selbstentfaltung verhindernden Fabrik wird über die Anverwandlung der »Künstlerkritik« – besonders laut vernehmbar in der 68er-Bewegung – das schlanke Unternehmen, in dem man sich in der *coffee lounge* auf Augenhöhe zum kreativen *brainstorming* trifft. Den Stachel des Unbehagens an der eigenen (Selbst-)Ausbeutung spürt man in diesem Setting kaum mehr. In Abwandlung einer bekannten Sentenz Robert Gernhardts kann man mit Boltanski/Chiapello daher sagen: Die schärfsten Kritiker der Elche sind heute gerne selber welche, die Avantgarden von einst sind zu den stärksten Komplizen des ehemals heiß bekämpften »Systems« geworden. »Im Rückblick betrachtet«, schreibt Ulrich Bröckling (2016, 378), »erweisen sich die verschiedenen Ausfaltungen der Gegenkultur nach 1968 trotz ihrer antikapitalistischen Stoßrichtung als Labors unternehmerischer Verhaltensorientierung.«

Schluss: Leben im Komparativ

So zeigt die Geschichte der (Selbst-)Ökonomisierung aus dem fortwesenden »Geist des Kapitalismus« vor allem eines: Der Zwang zur Eigenvermarktung lässt zwar Spielräume, entkommen kann man ihm aber nicht. Auf der Suche nach unerschlossenen Territorien des Selbst, die sich noch kommodifizieren und verwerten lassen, ist er so unerbittlich wie erfinderisch. Denn das unternehmerische Selbst ist

Unternehmer »immer nur à venir – stets im Modus des Werdens, nie des Seins.« Es lebt sein Leben »im Komparativ« (ebd., 384, 383), wie nahezu jedes Unternehmen getrieben vom Wachstumszwang der eigenen Selbstüberbietung. Denn so sehr man es auch rhetorisch zu befrieden versucht, das Wesen der Selbstökonomisierung ist agonal. Sich selbst ökonomisieren heißt, in den Krieg zu ziehen und einen endlosen Kampf aufzunehmen, den man nicht gewinnen kann. Ebenso wenig kann man ihn aufgeben, denn das ökonomisierte Ich ist ein Ich im Gerundivum, das den Wettbewerb so nötig braucht wie die Luft zum Atmen. Und auch wenn ihm dabei ein stetig wachsendes Heer an Coaches und Beraterinnen sekundiert, von den unverzichtbaren technologischen Gadgets ganz zu schweigen – als *homo auto-oeconomicus* bleibt man letztlich auf sich allein gestellt. Selbstökonomisierung hat Individualisierung zur Voraussetzung und läuft stets auf sie hinaus. Das gilt besonders im Konkursfall. Der immer mögliche Bankrott wird individuell zugerechnet, gut ablesbar in der medizinischen Diagnostik. Arbeitskraftunternehmerinnen und Selbstunternehmer haben Burnout, weil sie zu sehr für *ihre* Sache brennen, das heißt, im ewigen Kampf mit den eigenen Unzulänglichkeiten zur Selbstverausgabung neigen (ein Umstand, der immerhin soziale Anerkennung noch im Scheitern garantiert). *Don't blame the system!* Anders als beim Malocher des 19. und 20. Jahrhunderts, der unter dem dröhnenden Rad der Lohnarbeit ächzte, sind die Machteffekte in der *Enterprise Culture* subtiler und hausgemachter, was die Revolte offenkundig erschwert. Denn der Unternehmer, den man einst der Ausbeutung zeihen konnte, ist man jetzt schließlich (auch) selbst.

Das alles mag überspitzt erscheinen, und als Idealtypus im Sinne Webers ist der *homo auto-oeconomicus* in der Realität ohnehin nicht anzutreffen. Radikale Selbstökonomisierung betrifft nur wenige Menschen, schon deshalb, weil man für die nötigen technologischen Hilfskräfte und persönlichen Dienstleistungen die entsprechende Kaufkraft braucht. Zudem ist der Ökonomisierungsdruck keinesfalls immer und überall konstant. Ja, es ist fraglich, ob man überhaupt im strengen Sinn von einer allgemein zunehmenden Ökonomisierung sprechen kann und inwiefern dies dann negativ oder positiv zu bewerten wäre. Thorsten Peetz (2020, 12) bemängelt, dass abgesehen vom Begriff des Marktes »die Begriffe, die zur Charakterisierung von Ökonomisierung verwendet werden, in aller Regel zu unspezifisch sind.« Bei allem Sparzwang und Profitinteresse war beispielsweise das Gesundheitswesen vor hundert Jahren deutlich marktförmiger als heute (so Kirchgässner 2007). Davon abgesehen ist die empirische Basis der These vom flexiblen Menschen, des Arbeitskraftunternehmers oder unternehmerischen Selbst nicht leicht zu bestimmen. Doch das vielgestaltige Leiden an der modernen Arbeits- und Leistungsgesellschaft, von dem die Burnout-Kliniken und Frührentenbescheide erzählen, sowie die niemals ausgeträumte Utopie vom Leben ohne Arbeitszwang dürfen ebenso als Indiz für die Existenz eines solchen Wandels gewertet werden wie die verbreitete Bereitschaft, den Anrufungen der Selbstoptimierung und -ökonomisierung zu folgen. In diesem Sinne gilt: Das Zeitalter des *homo oeconomicus* ist noch lange nicht zu Ende.

Literatur

Becker, Gary S. (1993 [1976]): Der ökonomische Ansatz zur Erklärung menschlichen Verhaltens, übers. v. Monika und Viktor Vanberg. 2. Aufl. Tübingen: Mohr Siebeck

Boltanski, Luc/Chiapello, Ève (2003 [1999]): Der neue Geist des Kapitalismus, übers. v. Michael Tillmann. Konstanz: UVK

Bröckling, Ulrich (2007): Das unternehmerische Selbst. Soziologie einer Subjektivierungsform, Frankfurt a. M.: Suhrkamp

Bröckling, Ulrich (2016): Vermarktlichung, Entgrenzung, Subjektivierung. Die Arbeit des unternehmerischen Selbst. In: Leonhard, Jörn/Steinmetz, Willibald (Hrsg.), Semantiken von Arbeit: Diachrone und vergleichende Perspektiven. Köln/Weimar/Wien: Böhlau, S. 371–390

Bröckling, Ulrich (2017a): Resilienz: Belastbar, flexibel, widerstandsfähig. In: Ders., Gute Hirten führen sanft. Über Menschenregierungskünste. Berlin: Suhrkamp, S. 113–139

Bröckling, Ulrich (2017b): Wettkampf und Wettbewerb: Konkurrenzordnungen zwischen Sport und Ökonomie. In: Ders., Gute Hirten führen sanft. Über Menschenregierungskünste. Berlin: Suhrkamp, S. 243–259

Kirchgässner, Gebhard (2007): Das Gespenst der Ökonomisierung. In: Reinhard, Wolfgang/Stagl, Justin (Hrsg.), Menschen und Märkte. Studien zur historischen Wirtschaftsanthropologie. Wien/Köln/Weimar: Böhlau, S. 401–433

Peetz, Thorsten (2020): Der Sinn der Ökonomisierung. In: Sozialer Sinn 21 (1), S. 1–23

Voß, G. Günter/Pongratz, Hans J. (1998): Der Arbeitskraftunternehmer. Eine neue Grundform der »Ware Arbeitskraft«. In: Kölner Zeitschrift für Soziologie und Sozialpsychologie 50 (1), S. 131–158

Weber, Max (1988 [1904/05]): Die protestantische Ethik und der Geist des Kapitalismus. In: Ders., Gesammelte Aufsätze zur Religionssoziologie, Bd. 1. 9. Aufl. Tübingen: Mohr Siebeck, S. 17–206

Smarte Optimierung im digitalen Kontrollregime: Vom quantifizierten Selbst zum quantifizierten Kollektiv

Felix Maschewski und Anna-Verena Nosthoff

Anfang der 1990er Jahre schrieb der französische Philosoph Gilles Deleuze einen kurzen Text über eine signifikante Machtverschiebung. Im Laufe des Jahrhunderts, heißt es darin, seien neue, flexiblere Konstellationen und Modulationen aufgetreten, die die gesellschaftsprägenden Disziplinaranstalten – vom Gefängnis bis zur Kaserne – ablösten. An ihre Stelle träten nun offenere Systeme, »ultra-schnelle Kontrollformen mit freiheitlichem Aussehen« (Deleuze 1993, 255), sodass das dynamische Unternehmen die Stechuhr der Fabrik, das lebenslange Lernen immer mehr die Schule ersetze. Deleuzes *Postskriptum über die Kontrollgesellschaften* beschrieb einen epochalen Übergangsprozess, verknüpfte Verfahren der Flexibilisierung mit jenen einer anbrechenden Digitalisierung und ließ, in der Frühphase des World Wide Web, auf doppelbödige Bonmots – »überall hat das Surfen schon die alten Sportarten abgelöst« (Ebd., 258) – kritische Aussagen folgen: »Marketing heißt jetzt das Instrument der sozialen Kontrolle.« (Ebd., 260) Dieser in den Sozialwissenschaften populär gewordene Text endet mit einer wohlüberlegten Verwunderung über eine neue Mentalität:

> »Viele junge Leute verlangen seltsamerweise, ›motiviert‹ zu werden, sie verlangen nach neuen Ausbildungs-Workshops und nach permanenter Weiterbildung: an ihnen ist zu entdecken, wozu man sie einsetzt, wie ihre Vorgänger nicht ohne Mühe die Zweckbestimmung der Disziplinierung entdeckt haben« (Deleuze 1993, 262).

Deleuzes Beobachtungen haben heute kaum Patina angesetzt. Sie erfahren im Zeitalter des digitalen bzw. des »Überwachungskapitalismus« (Zuboff 2018) sogar eine Steigerung: Denn die »permanente Weiterbildung« kann nun, technisch gestützt, gänzlich neue Wirkmächtigkeit entfalten. Spätestens mit der sogenannten »Quantified Self«-Bewegung (QS) und der wachsenden Verbreitung »smarter« Vermessungstechnologien (*tracking devices*) werden die Körper der Individuen nicht nur als Datum, sondern auch als Ressource ökonomischer Optimierung erfasst.

Das Marketing spielt, wenn es, wie angenommen, ein »Instrument der sozialen Kontrolle« ist, auch in diesem Prozess eine bedeutende Rolle: Es reflektiert zeitgenössische Ideale und Imperative, verdichtet Diskurse und Machtverhältnisse. Gerade Apple bietet – mindestens seit der Einführung des Macintosh 1984 – immer wieder aufschlussreiches Anschauungsmaterial und verdeutlicht heute geradezu sinnbildlich, wie sich in smarten Selbstvermessungstechnologien wie der Apple Watch ökonomische Motivationen mit den Programmen der Datafizierung assoziieren. Nicht zuletzt konturiert sich dabei auch eine Regierungsform, in der Freiheit und eine permanente (Selbst-)Kontrolle, Kalkül und Leidenschaft ineinandergreifen.

Digitale Doppelgänger (Apple Watch)

Die Szenerie der Werbung zur Apple Watch Series 4 zeigt einen bärtigen Mittdreißiger, der teetrinkend auf der Couch sitzt und eine Sportveranstaltung schaut, ehe er sich plötzlich seinem Doppelgänger gegenübersieht. Nach kurzem, fast platonischem Erstaunen erhält der Zwilling auf seiner Smartwatch eine unzweideutige Botschaft: »Zeit, aufzustehen!« Was der Apparat sagt, ist Programm: Der Zwilling steht auf, sein Gegenüber tut es ihm gleich, doch eine latente Unsicherheit bleibt. Nachdem ein weiterer Doppelgänger vom Fenster aus gesichtet wurde, will man der Sache – gänzlich wortlos – auf den Grund gehen, tritt vor die Tür und verfolgt das etwas mobilere Ich. Sobald die beiden aufgeholt haben, zieht eine weitere Ich-Spaltung im dynamischen Ausfallschritt am Trio vorüber. Bald hat die Gruppe auch diese eingeholt, doch wird sie sofort von der fünften Version hinter sich gelassen. Auch diesmal wird die Verfolgung aufgenommen, sodass sich ein Wettlauf aller gegen alle entwickelt. Im finalen Akt am Strand wird das Quintett aus immer sportlicheren Klonen schließlich von einer letzten Kopie überholt: ein frisches Ich, das nicht atemlos rastet, sondern pfeilschnell ins Meer springt, fast übermenschlich die Wellen teilt und neuen Zielen entgegenjagt. Die Botschaft des Ganzen ist dann nicht der Wunsch nach ozeanischer Verbundenheit, sondern ein simpler Motivationsspruch: »Du hast ein besseres Ich in dir!« Will heißen: ein aktiveres, gesünderes Ich, ein Ich der Zukunft und des Potenzials, ein Ich, das sich fortschreitend verbessern will.

Der Werbespot bemüht so eine Ikonografie des Empowerments, appelliert an die Werte der Selbstverantwortung und Eigeninitiative, an eine Befreiung im Zeichen der Ich-Optimierung. Er bestimmt damit ein Ziel, nach dem sämtliche dargestellten Ich-Formen streben, ein kontinuierliches Exerzitium, in dem Ich und Über-Ich, Weisung und Wunsch fast natürlich verschmelzen. Jedes Selbst bildet dabei nur einen Zwischenzustand, eine Entwicklungsstufe, die, an einem metrischen Ideal orientiert, immer wieder herausgefordert wird – wer nur kurz stillhält, fällt hinter das »bessere Ich« zurück. So wirkt jeder

Doppelgänger wie Ansporn und (fröhliches) Verhängnis in einem, die permanente Steigerung wie die Arbeit des Sisyphos. Hat man sein Ziel erreicht, wartet nur das nächste Rennen, das nächste Überholmanöver. Vorn ist man immer nur für einen Augenblick.

Zwar kann auch in diesem Dauerlauf die fast olympische Affirmation des »Höher, Schneller, Weiter« kaum die recht beschränkte Idee eines unendlichen Fortschritts überdecken. Doch erscheint das Leben im Komparativ dank smarter Aufrüstung als Teil der alltäglichen To-do-Liste: Man weiß immer, woran man ist, wo man steht und wohin es gehen *soll*. In den Worten von Apples ehemaligen Chefdesigners Jonathan Ive: »Die Apple Watch Series 4 ist so leistungsstark, so persönlich und so befreiend, dass sie dein Leben jeden Tag verändern kann.« (Apple 2018)

Im schwarzen Spiegel: Jede Bewegung zählt

Apples intelligente Uhr scheint das bekannte Motto der Firma aus dem Silicon Valley zu reformulieren: Aus dem *Think different!* ist ein *Be different!* geworden. Das Anderssein gilt dabei zunächst für das Produkt selbst: Es wurde, wie es beim Hersteller heißt, weniger »optimiert« als »transformiert«, und so sollte die Smartwatch 2018 nicht nur ein bloßer Fitnesstracker sein, sie wurde als »ultimativer Trainingspartner« angepriesen: »halb Bodyguard, halb Guru«. Ausgestattet mit allerlei optischen und elektrischen Sensoren (seit 2018 kann man sogar EKGs aufzeichnen), legen es die Nutzer:innen auf eine präzise Erfassung des Ichs an, können die Schlafqualität kontrollieren, Schritte oder Kalorienverbrauch datieren, sämtliche Regungen als Aktivitätsfortschritte identifizieren – sei es beim Joggen, Surfen oder auf der Museumstour: »Jede Bewegung zählt.«

Über die Leitwährung der sogenannten »Aktivitätsringe« aus Bewegen, Trainieren und Stehen werden sämtliche *Kreisläufe* der Leistung (*performance*) erfasst, sodass schon leichte Erschütterungen wie das Aufstehen oder Zähneputzen ökonomisch genau in eine automatische Buchführung übersetzt werden. Schon Gary Wolf, einer der Begründer der QS-Bewegung, erklärte diesen besonderen, aber auch nüchternen Erkenntnisprozess:

> »Wenn wir uns selbst vermessen, geht es weniger um den Imperativ, auf dem Grund unserer alltäglichen Existenz eine tiefere Wahrheit zu entdecken. Stattdessen wird davon ausgegangen, dass wir das Selbst unserer trivialsten Gedanken und Handlungen – ein Selbst, auf das wir ohne technische Hilfe wohl kaum aufmerksam werden würden – kennenlernen sollten«. (Wolf 2010, Übers. d. Verf.)

Diese Wissbegier definiert das »bessere Ich« als vermessenes und wirkt, seinem Leitspruch »Selbsterkenntnis durch Zahlen« (*self-knowledge through numbers*) gemäß, fast notwendig expansiv. So erscheint es konsequent, dass sich mit der technischen Entwicklung immer mehr Bereiche des Lebens über die Praktiken des Monitorings, Ratings und Scorings erschließen und Apple etwa hauseigene Apps für achtsamkeitsförderndes Atmen, Zyklustracking oder Hörgesundheit anbietet. Das sonst grobkörnige Sein kann in Statistiken oder Aktivitätskurven, in die Eindeutigkeit der Zahl übersetzt, verwaltet und sortiert werden. So wird »die Gesundheit mit leistungsstarken und persönlichen Tools gemanaged« (Jeff Williams, COO von Apple), sodass in der Sorge um sich alles einem Imperativ untergeordnet scheint: »Schließe [die Ringe] jeden Tag.«

An Michel Foucault angelehnt kann man in solchen Motiven eine Mischung aus disziplinargesellschaftlichen Programmen, die im Dienst einer gesteigerten Tauglichkeit und leistungsfähiger Apparate stehen, sowie biopolitischen Verfahren erkennen, die das Leben selbst immer eindringlicher erfassen und normieren. Denn hinter der Kompletterfassung und den bunten Ringen steht eine Praxis, die den Körper als Produktivfaktor, das Aktivitäts- als Humankapital versteht und es sukzessive mit einer rechnerischen, nutzenorientierten Planung kurzschließt: »Wenn du stehst, beweg dich etwas. [...] Das klingt vielleicht nach einer Kleinigkeit, aber regelmäßiges Bewegen hilft dir, Energie zu tanken und produktiver zu sein.«

Der Wettlauf mit sich selbst, oder: Das Leben im Zeitalter seiner technischen Machbarkeit

Das beständige Überwachen und Bewerten, das häufig als narzisstische Vermessenheitsverzerrung wahrgenommen wird, läuft so auf die zunehmende Synchronisierung von ökonomischer Dynamik und individueller Lebensführung hinaus – oder, in Foucault'scher Analyse, auf die »Verallgemeinerung der Unternehmensform innerhalb des sozialen Körpers« (Foucault 2004, 333). Stets soll der Bewegungsumsatz gesteigert, ein verborgenes Potenzial aktiviert, in sich selbst investiert werden. Damit dies gelingt, wird auch der Alltag qua Smartwatch in einen kontinuierlichen Wettbewerb umgewandelt, der täglich neue Ziele, neue Leistungskennzahlen vorgibt. Mit jedem aufgezeichneten Datum, jeder protokollierten Bewegung bestimmt sich dann ein ganz individuelles Wertesystem, das den Soll-Ist-Vergleich des Ichs – vom Spaziergang bis zum high intensity interval training – anschaulich und das *living by objectives* möglich macht. Schon die Erfassung alltäglicher Aktivitäten forciert dann eine Dynamik, die mit jeder erreichten eine immer neue Benchmark fordert, mit dem Eifer zur fortlaufend optimierten Normbewältigung auch die Norm der fortlaufenden Optimierung verfestigt. So deutet die Smartwatch fast unmerklich das In-der-Welt-Sein um, bindet es nicht nur an ein Leisten, sondern dynamisiert es über ein konstitutives Noch-Nicht zu einem Immer-Besser-Werden. Auch die Fitness oder die Gesundheit stehen dann ganz im Zeichen des kategorischen Komparativs: Es geht nicht mehr darum, *nur* fit, leistungsfähig und gesund zu sein, sondern immer fitter, leistungsfähiger und gesünder zu werden.

Schon im Positionswechsel zwischen Ich und Ideal-Ich wirkt die Arbeit am Selbst wie eine Trockenübung für den alltäglichen gesellschaftlichen Wettbewerb. Dabei darf sich das stets zu verbessernde Ich fast natürlich auch als spielender Mensch (*homo ludens*) angesprochen fühlen: Für jede Energieleistung bietet die Apple Watch motivierende Ermunterungen, für gebrochene Rekorde »virtuelle Auszeichnungen« zur Erweiterung des »digitalen Trophäenschranks.« Die kontinuierliche Steigerung im Wettlauf mit sich selbst erscheint so fröhlich gamifiziert, die pragmatisch-kühle Inventur als bunter Aktivitätsring fast aufregend innovativ und jede irreale Medaille als verdiente Belohnung im Kampf um Anerkennung. Das Spiel wirkt rückhaltloser als jede Disziplin. Oder, wie es zur Apple Watch heißt: »Damit macht es so viel Spaß, gesünder zu leben, dass du gar nicht mehr damit aufhören willst.«

Im forcierten Wettlauf um das »bessere Ich« etabliert sich das Wearable als schicker Handgelenkscomputer, schließlich als fast paradigmatische »Technologie des Selbst«, die Individuen »bestimmte Operationen [...] mit ihrer eigenen Lebensführung vollziehen« lässt, »und zwar so, dass sie sich selber transformieren [...] und einen bestimmten Zustand von Vollkommenheit, Glück, Reinheit, übernatürlicher Kraft erlangen« (Foucault 1984, 107). Auf dem hochauflösenden Zifferblatt der Smartwatch ist stets erkennbar, ob man den (eigenen) Ansprüchen genügt, ob man mit seinem Ideal Schritt hält oder, frei nach Nietzsche, der wird, der man ist.

Das vermessene Selbst wirkt damit als der neue Geist in der Maschine, als technisch aufgerüsteter, personifizierter Innovationsschub, der sich qua Smartwatch von morgens bis abends als bewegendes, als atmendes und schlafendes, aber auch als krankes Wesen in fortlaufender Optimierung übt. Ebendiese Rastlosigkeit eines individualisierten und zugleich verabsolutierten Wettbewerbs bildet das Versprechen der Technologie. Denn gerade weil sie den Menschen fortlaufend überwacht und auf diese Weise im alltäglichen *survival of the fittest* die Leistungsfähigkeit erhöht, erscheint sie als Werkzeug des Empowerments – und suggeriert dabei, die Geschicke ganz *objektiv* selbst in der Hand zu haben.

So avanciert der kleine schwarze Spiegel zum ultimativen Medium der Selbstregierung; zur tiefblickenden Schnittstelle, die mit jedem erfassten Datum die Black Box Leben als gemachtes, vor allem aber als machbares Spiel erscheinen lässt. Dass der erweiterte Aktionsradius mit dem Zusammenschnurren des Lebenslaufs auf einen Bewegungsring, des Daseins auf einen Score, d.h. mit einer ganz spezifischen Ästhetik der Existenz verbunden ist, ist also keineswegs ein Schönheitsfehler, sondern gilt im Digitalzeitalter als Verdienst und Verheißung. Wenn »sich selbst regieren heißt, die eigene Wettbewerbsfähigkeit [zu] fordern« (Bröckling 2007, 107), dann spielt in diesem Kontext auch die Etablierung entscheidender Anstöße eine tragende Rolle.

Nudge! Oder: Apple first

Die Apple Watch ist als Maschine der »guten Form« ein Medium der Ich-Gestaltung. Doch da nicht alles und jeder aufgrund codierter Aktivitätshaushalte von alleine läuft, ermöglicht sie auch eine Art Mentalitätsdesign, genauer: einen Modus der ästhetischen (Selbst-) Dressur. Die befehlsförmigen Botschaften – »Zeit aufzustehen!« et cetera –, die in selbstgewählten Abständen auf dem Screen erscheinen, wirken als entscheidende Hilfsmittel, um das schlechtere, dickere und unproduktivere Ich ins Schwitzen zu bringen. Über sanfte Vibrationen am Handgelenk (*taps*) kann man sich dann an das Schließen seiner Ringe, die fehlenden Schritte oder – so paradox es klingt – das Zu-Bett-Gehen erinnern lassen. Auf diese Weise können spezifische Verhaltensmuster nicht nur kalkuliert, sondern eintrainiert, aus- und zugerichtet werden.

Mit den kleinen »Lifehacks« übt sich der Self-Tracker also in einer Art Selbstbevormundung und damit, da ermächtigt und doch fremdgeleitet, in der Praxis des sogenannten Nudgings, des »Anstoßens« bzw. »Schubsens«. So wirken die kurzen Taps exakt wie die Nudges »in die richtige Richtung«, die Verhaltensökonomen wie Cass Sunstein und Richard Thaler im Sinn haben, um »das Verhalten der Menschen zu beeinflussen«, »ihr Leben länger, gesünder und besser zu machen«. Sogenannte Entscheidungsarchitekten – dazu zählen wohl auch die Ingenieure der Smartwatch – wollen dabei keineswegs Entscheidungen inhaltlich bestimmen, sondern lediglich kontextuell vorstrukturieren, um libertär-paternalistisch die Freiheit zu »erhalten« oder gar zu »vergrößern« (Sunstein/Thaler 2009, 14–15). In dieser Denke soll es dann weniger um autoritäre Gebote als um ›anstößige‹ Angebote gehen, das »bessere« Leben wird nicht vorgeschrieben, sondern verführerisch nahegelegt.

Da der fehlbare Mensch in verhaltensökonomischer Perspektive zu selten »richtige« Entscheidungen für sich trifft, gilt es, ihm über smarte Entscheidungsdesigns und psychodynamisch wirksame Milieus auf die Sprünge zu helfen. Idealtypisch, so Sunstein und Thaler, empfiehlt es sich, den süßen Nachtisch hinter der vitaminreichen Frucht zu platzieren oder gleich über die Änderung von Voreinstellungen ein neues Tun und Lassen zu installieren. Zu einem »numerische[n] Äquivalent zur räumlichen Anordnung von Apfel und Pudding« (Simanowski 2019) schwingt sich die Apple Watch dann fast ganz automatisch auf, formt mit ermutigenden Taps und spielerischen Belohnungen eine so enganliegende wie aktivierend-anregende Umwelt. Jeden Tag weiß der technisch avancierte Sisyphos: »Bewegen: 450 Kcal, Trainieren: 30 Min., Stehen: mind. 12-mal am Tag«. Jenseits des euphemistischen Nudging-Begriffs kann man diese Remodellierung des Handelns qua verhaltensökonomischer Streicheleinheiten auch schlicht Konditionierung nennen. Denn konnten gute Vorsätze früher fast unmerklich im unstrukturierten Gestöber des Alltags verwischen, ist der mahnend-kritische Impuls, die selbstverschuldete Unbeweglichkeit, nun stets präsent. Unmündigkeit wird damit zum Unvermögen, sich seiner eigenen Wearables zu bedienen.

In diesem Prozess der angeleiteten Aufklärung ändert sich dann auch der Charakter des »besseren Ichs«. Es erscheint nun weniger als Ideal- oder Wunschvorstellung, ist zu einem täglichen Appell geworden, der mit einer nie abgetragenen Schuld spielt. So mahnt das Gerät, wenn die Leistung nicht stimmt: »*Richard, you're so close to closing your Move ring. A brisk, 17-minute walk should do it.*« Oder: »*You didn't close a ring yesterday, Cass. Close at least one today.*« Dass man sich auch gegen solche »persönlichen und motivierenden« Botschaften fürs schlechte

Gewissen entscheiden, die »besseren Ichs« teilnahmslos vorbeiziehen lassen kann, ist offensichtlich. Doch klar ist auch, wer verantwortlich zu machen ist, wenn man an den (eigenen?) Vorgaben scheitert. So gilt auch hier, was Ulrich Bröckling für die neoliberalen Regierungsprogramme schlussfolgert: »Sie installieren keine Reiz-Reaktions-Automatismen, sondern erzeugen einen Sog, der bestimmte Verhaltensweisen wahrscheinlicher machen soll als andere« (Bröckling 2007, 38).

Damit ist das digitale Endgerät nicht einfach eine Maschine, die Nutzer:innen fremdsteuert, wie es eine technikdeterministische Lesart unterstellt. Seine Kontrollreflexe wirken subtiler, zugleich ambivalenter: Einerseits ermöglicht es als fast klassische Erweiterung unserer selbst, als *»extension of men«*, die Steigerung der Fähigkeiten – von den Tiefen des Fühlens (Pulsschlag) bis zu den Höhen neuer Leistungen (Schrittfolge). Andererseits richtet es den Einzelnen ganz programmlogisch auf den Imperativ der Effizienz zu, rationalisiert so spielerisch wie eindringlich seine Lebenswege, schmiegt sie den Versprechen eines maschinellen Funktionierens an. Damit hat die Vermessung des Selbst einen durchaus doppelbödigen Effekt. Denn so selbstermächtigt sich der Selbstvermesser gibt, so datenhörig scheint er zu sein, schleift er doch beharrlich – mit vorgefertigten Parametern – an seinen Ecken und Kanten, um (s)einem Idealtypus zu entsprechen. Auch hier scheint sich ein Satz Michel Foucaults zu bestätigen: »Natürlich konnte man die Individuen nicht befreien, ohne sie zu dressieren« (Foucault 1996, 116).

Die Smartwatch kommt mit lebensbejahender Verve daher, ermöglicht eine intensive Selbstformung, die Leistungswille, Aktivität und Eigeninitiative honoriert. Zugleich verfestigen ihre Appelle und Direktiven jedoch eine fragwürdige Perspektive. Denn in der verhaltensökonomischen Programmatik, d. h. im konsequenten Wunsch, das Mängelwesen Mensch jenseits aller Innerlichkeit qua Entscheidungsarchitektur von außen umzugestalten, steckt auch die Annahme eines weisungsbedürftigen Wesens. Um Schritt zu halten, müssen seine Wege vordefiniert, immer präziser erfasst und nummeriert werden, wobei objektive Messtechniken eine reflexive Hermeneutik, die eindeutigen Ziffern das schwammige Körpergefühl ersetzen. Klarer als die wohlmeinenden Verhaltensökonomen gibt man bei Apple dann auch freimütig zu, dass mit den kleinen Korrekturen im Zeichen einer richtigen Richtung »ein Tap am Handgelenk wie ein Tritt in den Hintern« wirkt. In der Konsequenz darf, wer ein »besseres Ich« erreichen will, nicht zimperlich sein. Doch bei aller (selbst-)disziplinierenden Strenge folgt der Self-Tracker auch fast poetischen Motiven: Bei der Apple Watch gibt es, mit Rilke gesprochen, »keine Stelle, die dich nicht sieht. Du musst dein Leben ändern.«

Vom vermessenen Selbst zum vermessenen Kollektiv

Die jungen, motivationshungrigen Leute, von denen Deleuze damals sprach, sind heute älter geworden. Mit der Zeit scheinen sich auch ihre dynamischen Welt- und Selbstverhältnisse, und damit die »ultraschnellen Kontrollformen mit freiheitlichem Aussehen« immer eindringlicher als Lebensart manifestiert zu haben. Im Self-Tracker, diesem »Prototyp der biopolitischen Fitnessgesellschaft« (Martschukat 2019, 26), finden sie ihre zeitgemäße Verkörperung. Gerade dieser Modellcharakter, der alles ganz genau sondiert, immer besser werden und sich quantifizierend *weiterbilden* will, personifiziert den von Deleuze beschriebenen Systemwechsel: Er figuriert als fast glückliche Korrelation aus Wollen und Sollen, Wunsch und Anforderung, ist nur da ganz Self-Tracker, wo er spielt, und genau damit eminent formbar. Dass der Kontrolleur seiner Selbst die beständigen Interventionen, die »Feinsteuerung von Lebensweisen« (Mau 2017, 181) als lustvolle Motivation empfindet und in der pedantischen Genauigkeit keinen Makel, sondern die Grundlage seines Handelns und seiner Produktivität erkennt, macht diese Lebensform so zeitgenössisch wie widersprüchlich. Er synchronisiert Selbstregierung mit Selbstunterwerfung, Freiheit mit permanenter Kontrolle – eine Figuration, die ihre Tücken hat.

Denn Fitnesstracker kommen, neben den »Wellnessprogrammen« in Unternehmen und biopolitischen Großprojekten (in Singapur kooperiert das Health Promotion Board der Regierung im Gesundheitsprogramm LumiHealth mit Apple), verstärkt bei »smarten« Versicherungen zum Einsatz, forcieren mit der Erweiterung der Datenbasis nicht nur ein »quantifiziertes Kollektiv« (Maschewski/Nosthoff 2019, 68), sondern auch die sogenannten »pay-as-you-live-Tarife«. Dabei können sich Kund:innen der panoptischen Ein- und Übersicht unterstellen, nach individuellem Lebensstil bzw. nach Laufleistung versichern und sich mit gezielten Nudges zu einem fitteren Verhalten motivieren lassen. Für gesundheitsförderliches Handeln (z. B. 10 000 Schritte am Tag) locken Prämien oder Rabatte. Wer die Normen und Richtwerte nicht erfüllt, dem bleibt die anerkennende Belohnung versagt. In dieser Dynamik greifen die Mechanismen der Selbst- und Fremdkontrolle wie bei einem Möbiusband fast unmerklich ineinander und lassen schließlich erkennen, dass die Arbeit am Körper im Digitalzeitalter nicht zwingend ein bloß privates Vergnügen sein muss.

Wird das Self-Tracking zumeist mit den Werten der Autonomie, Emanzipation, Transparenz und Selbstverwirklichung beworben, können diese Ideale in der *versichernden* Leistungsschau durchaus verfänglich sein, wirken zuweilen geradezu als Imperativ der Aktivität und Fitness. So wohlmeinend die Angebote für ein »besseres Ich« dann erscheinen mögen, so offensichtlich wird für den Einzelnen: Je umfassender das datenökonomische System der Kontrollmöglichkeiten, desto schuldiger erscheint der, der sich nicht nach ihnen richtet.

Dieser Aufsatz basiert in Teilen auf dem zweiten Kapitel des Buches der Autor:innen »Die Gesellschaft der Wearables. Digitale Verführung und soziale Kontrolle«, Nicolai Publishing & Intelligence 2019, S. 15–37.

Literatur

Apple (2018): Apple Watch Series 4. https://www.apple.com/de/apple-watch-series-4/ [Zugriff: 03.10.2020]

Bröckling, Ulrich (2007): Das unternehmerische Selbst. Soziologie einer Subjektivierungsform. Frankfurt a. M.: Suhrkamp

Deleuze, Gilles (1993): Postskriptum über die Kontrollgesellschaften. In: Ders. Unterhandlungen. 1972–1990, Frankfurt a. M.: Suhrkamp, S. 254–262

Foucault, Michel (1984): Von der Freundschaft als Lebensweise. Michel Foucault im Gespräch. Berlin: Merve

Foucault, Michel (1996): Der Mensch ist ein Erfahrungstier. Gespräch mit Ducio Trombadori. Frankfurt a. M.: Suhrkamp

Foucault, Michel (2004): Die Geburt der Biopolitik. Geschichte der Gouvernementalität II. Frankfurt a. M.: Suhrkamp

Maschewski, Felix/Nosthoff, Anna-Verena (2019): Die Gesellschaft der Wearables. Digitale Verführung und soziale Kontrolle. Berlin: Nicolai Publishing & Intelligence

Martschukat, Jürgen (2019): Das Zeitalter der Fitness. Wie der Körper zum Zeichen für Erfolg und Leistung wurde. Frankfurt a. M.: S. Fischer

Mau, Steffen (2017): Das metrische Wir. Über die Quantifizierung des Sozialen. Berlin: Suhrkamp

Simanowski, Roberto (2019): Zauberformel Nudging. Die Marshmallowkultur oder das Pandorageschenk der Sofortbelohnung. In: Lettre International 125 (Sommer 2019)

Sunstein, Cass/Thaler, Richard (2009): Nudge. Wie man kluge Entscheidungen anstößt. Berlin: Econ

Wolf, Gary (2010): The Data-Driven Life. In: The New York Times, https://www.nytimes.com/2010/05/02/magazine/02self-measurement-t.html [Zugriff: 03.10.2020]

Zuboff, Shoshana (2018): Das Zeitalter des Überwachungskapitalismus. Frankfurt a. M./New York: Campus

Auswege aus der Ökonomisierung oder: Wo bleibt das Rettende?

Thomas Hauser und Philippe Merz

Wo stehen wir heute im Umgang mit jener Dynamik, die unter dem Titel der Ökonomisierung die Gemüter erregt und das Ringen um die Zukunft unserer Gesellschaftsordnung befeuert? Die Beiträge des vorliegenden Bandes haben gerade durch ihre Vielschichtigkeit und Unterschiedlichkeit gezeigt, dass diese scheinbar eindeutige Frage an zwei entscheidenden Stellen mehrdeutig und damit präzisierungsbedürftig ist: Wer sind »wir«? Und von welcher Art von Ökonomisierung ist die Rede?

Schon das »wir« existiert im engeren Sinn gar nicht. Gerade dann nicht, wenn dabei, wie so häufig, von »der Gesellschaft« die Rede ist. Denn diese Rede lässt offen, wer genau eigentlich gemeint ist. Alle heute lebenden Menschen im Sinne einer Weltgesellschaft, oder lediglich wir Angehörige des globalen Nordens? Nur wir deutschen Bürgerinnen und Bürger, oder sogar nur jene politisch und intellektuell Interessierten, die sich mit so eigenartigen, empirisch zudem schwer fassbaren Phänomenen wie der Vermarktlichung unserer Denkmuster, Handlungsgewohnheiten und Institutionen befassen?

Und selbst wenn das »wir« auf diese letztere Gruppe von Menschen begrenzt bleibt, wird bald deutlich, dass gerade hier keine Einigkeit darüber besteht, was genau unter Ökonomisierung zu verstehen ist, geschweige denn, wie sie zu bewerten ist. Je nach weltanschaulichen Neigungen und politischen Präferenzen halten manche »Ökonomisierung« für einen linksliberalen Kampfbegriff, mit dem überfällige Reformen eines noch immer überbordenden Sozialstaats sowie eines überregulierten Gesellschafts- und Arbeitsrechts ausgebremst werden sollen; andere halten den Begriff dagegen für zu vage und zahnlos, um zementierte Missstände auf politisch wirksame Weise zu thematisieren und zu verändern.

Damit tritt bereits die zweite Unklarheit der obigen Frage zutage. Auch »die Ökonomisierung« gibt es nicht, ebenso wenig wie »den Islam«, »den Konservatismus« oder »den Menschen«. Vielmehr ist Vorsicht geboten, wo immer im Kollektivsingular geredet und geschrieben wird. Denn dieser verallgemeinernde rhetorische Kniff ist die grammatische Lieblingsform des Vorurteils (vgl. Hadamitzky 2010, 196). Er wird besonders gerne von jenen eingesetzt, die sich den genauen Blick mitsamt einer tragfähigen Argumentationsführung ersparen wollen, um der eigenen Überzeugung mehr Gewicht zu verleihen oder sogar Stereotype beim eigenen Publikum zu verstärken.

Für die Rede von »der Ökonomisierung« folgt daraus: Wir sind gefordert, Güter, Praktiken, Institutionen und Denkmuster möglichst vorurteilsfrei zu beschreiben und sodann differenziert jene Entwicklungen zu benennen, bei denen sich Übersteigerungen des Effizienz- und Gelddenkens zeigen lassen. Dann wird deutlich, wie in den

Beiträgen dieses Bandes, dass ökonomisierende Kräfte bei börsennotierten Digitalkonzernen anders wirken als beim Umgang mit den Ressourcen der Natur, in den Anreizen des deutschen Gesundheitswesens anders als im Umgang mit Bauland und Wohneigentum, in arbeitsmarktorientierten Hochschulen anders als im leistungsorientierten Umgang mit dem eigenen Körper.

Dennoch lässt sich über diese Unterschiede hinweg eine Familienähnlichkeit ausmachen, die es erlaubt, von »Ökonomisierung« als einer gemeinsamen und überdies problematischen Tendenz zu sprechen. Dieser gemeinsame Nenner besteht darin, dass das messende, kalkulierende, effizienzorientierte und vor allem auf permanente Steigerung angelegte Denken zur beherrschenden Form der Selbst- und Weltbeziehung wird. Gerade der Unterschied zu jenen anderen, vorläufigen und milderen Formen des ökonomischen Denkens und Handelns ist hier entscheidend. Wenn Menschen mit Gütern ohne Kostenbewusstsein umgehen können, weil Zahlungsfähigkeit problemlos gegeben ist, spielen ökonomische Fragen allenfalls als leise Hintergrundmusik eine Rolle. Wenn auf einer zweiten Stufe von Menschen erwartet wird, Verluste möglichst zu vermeiden, sie ansonsten aber autonom entscheiden können, wird diese Hintergrundmusik hörbarer, dominiert aber noch nicht die Tanzfläche. Dies ist auch dann noch nicht zwingend der Fall, wenn Verluste auf einer dritten Stufe mit ersten Begrenzungen der Handlungsfreiheit bestraft werden, etwa durch Rationierung. Auf einer vierten Stufe jedoch, auf der zudem Gewinne erwirtschaftet werden sollten und das eigene Handeln möglichst marktförmig auszurichten ist, geben wirtschaftliche Anforderungen bereits lautstark den Ton an und wir können uns kaum noch anders als in ihrem Rhythmus bewegen. Drehen wir den Pegel schließlich noch eine Umdrehung weiter, erreichen wir eine fünfte Stufe, auf der Gewinnerzielung oder sogar Gewinnmaximierung das einzige akzeptierte Ziel unseres Handelns ist. Hier dröhnt wohl vielen der ökonomische Imperativ derart in den Ohren, dass sie sich dringend nach Erleichterung sehnen. Diese letzten beiden Stufen können im engeren Sinn unter Ökonomisierung verstanden werden (vgl. für diese fünf Stufen Schimank/Volkmann 2008, 385–386).

Doch woher könnte jene ersehnte Erleichterung kommen? Welche Auswege zeichnen sich heute schon ab oder lassen sich zumindest erahnen? Wenn Ökonomisierungstendenzen qualitativ so facettenreich und quantitativ so unterschiedlich stark ausgeprägt sind, kann es kaum den *einen* Ausweg im Sinne eines Patentrezepts für alle Fälle geben. Zumal jahrzehntelang eingeübte Denkmuster, formale Regeln und Gesetze sowie institutionelle Anreize hartnäckig und langlebig sind. Gerade deswegen gilt es, kontextspezifisch zu analysieren und abzuwägen, welcher Dosisreduktion, welcher Ergänzungen, welcher Wiederbelebung anderer Werte und Prinzipien es bedarf, um Menschen mit ihren unterschiedlichen Bedürfnissen und Interessen (aber auch der Natur) gerecht zu werden. Einige dieser Möglichkeiten und Entwicklungen seien hier exemplarisch herausgegriffen, um die Vielfalt der Diskussionslandschaft ebenso wie die praktische Experimentierfreude von Menschen und Organisationen anzudeuten.

Vom Konsumenten zum Wirtschaftsbürger

Beginnen wir auf der nächstliegenden und zugleich unbequemsten Ebene, also bei uns selbst. Welche alltäglichen, durch Effizienzdenken und Steigerungslogik geprägten Gewohnheiten können wir auf dieser sogenannten *Mikro-Ebene* selbstkritisch infrage stellen und neu ausrichten?

Zunächst einige optimistisch stimmende Entwicklungen: Bereits seit zwanzig Jahren steigt bei immer mehr Menschen in Deutschland die Zahlungsbereitschaft für biologische Lebensmittel. So stieg der Umsatz mit Bio-Lebensmitteln von 2,1 Mrd. Euro im Jahr 2000 auf knapp 15 Mrd. Euro im Jahr 2020 an. Allein in den letzten zehn Jahren hat sich diese Zahl verdreifacht. Noch dynamischer entwickelt sich der Umsatz bei fair gehandelter Bekleidung. Hier stiegen die Umsätze in Deutschland allein zwischen 2018 und 2019 um 33 %. Ähnlich entwickeln sich die Investitionen in nachhaltige Geldanlagen, bei denen das von Publikumsfonds verwaltete Gesamtvolumen allein in der zweiten Jahreshälfte 2020 um 27 % auf insgesamt 129 Mrd. Euro anstieg, während das Volumen konventioneller Fonds im gleichen Zeitraum lediglich um 2 % wuchs. Damit gehören sowohl biologische Lebensmittel als auch fair gehandelte Textilien oder nachhaltige Geldanlagen zu den am stärksten wachsenden Segmenten ihrer jeweiligen Branche und treten immer sichtbarer aus der bisherigen Nischenexistenz heraus.

Auch wenn in allen drei Kontexten keineswegs alles Gold ist, was glänzt, etwa weil selbst bei den als nachhaltig ausgewiesenen Produkten noch intransparente Lieferketten bestehen oder missverständliche Kriterien und Zertifikate teils mehr Verwirrung als Klarheit stiften, zeigt sich doch, dass immer mehr Menschen eine Sensibilität für die soziale und ökologische Verantwortungsdimension ihrer Alltagsentscheidungen entwickeln. Die Verantwortung für unsere Mitmenschen und für die Natur konnten auch deswegen viele Jahre lang übersehen oder sogar aktiv geleugnet werden, weil eine Grundannahme liberaler Wirtschaftspolitik darin bestand, dass alles, was juristisch legal ist, auch moralisch legitim sei – und mehr noch, dass Kauf- und Investitionsentscheidungen reine Privatsache seien und soziale oder ökologische, ja politische Fragen insgesamt hier nichts verloren hätten. Solange wir uns selbst so deuten, dass wir in manchen Situationen (wie etwa im Supermarkt) ausschließlich Kundin oder Kunde sind, in anderen Situationen (wie etwa im Wahllokal) dagegen vornehmlich Bürgerin oder Bürger, festigen wir nicht nur ein tendenziell schizophrenes Selbstverständnis, sondern übernehmen zugleich ein »Framing« der neoklassischen Ökonomik, das auch deswegen so mächtig werden konnte, weil es so bequem ist: Verstehe ich mich selbst als bloßer Konsument, kann ich mich auf das billigste Angebot und die schnellste Paket- oder Essenslieferung konzentrieren und die sozialen wie ökologischen Kosten meiner eigenen Vorteilserwartungen ausblenden. Ich fordere, ich erwarte, ich will haben und besitzen, und zwar möglichst billig und komfortabel. Mehr muss ich nicht tun. Wenn jeder an sich denkt, ist an alle gedacht.

Dieses Selbstmissverständnis bröckelt, weil eine wachsende Anzahl von Menschen entdeckt, dass wir nie bloße Konsumentinnen und Konsumenten sind, sondern stets Wirtschaftsbürgerinnen und Wirtschaftsbürger, die mit ihren Kauf- und Investitionsentscheidungen, aber auch ihrer Verzichtsbereitschaft signalisieren können, dass ihnen faire Löhne in der Lieferkette oder die Schonung von Ressourcen etwas bedeuten. Konsum ist immer politisch – besonders jedoch in Zeiten von Globalisierung, Ressourcenknappheit, Klimakrise und rasantem Bevölkerungswachstum.

Folglich läge es nahe, diese lange marginalisierten Dimensionen unseres Wirtschaftshandelns fester in den Lehrplänen von Schulen und Hochschulen zu verankern, um kritische (Selbst-)Reflexion bei jungen Menschen anzuregen und beispielsweise die aus der Konsumforschung bekannte »Consumer-Citizen-Gap« bei den kommenden Generationen zu verringern: Bislang kaufen viele Menschen als Konsumenten anders ein, als sie es als Bürger in Umfragen behaupten. Genau diese Aufklärungs- und Sensibilisierungsarbeit findet bereits in wachsendem Maß statt. Wer heute Kinder in einer weiterführenden Schule hat, wird feststellen, dass diese Themen gegenüber den 1980er bis 2000er Jahren erheblich an Bedeutung gewonnen haben. Und an der Pariser Universität Sorbonne gründeten Lehrende und Studierende bereits im Jahr 2000 die Bewegung für »Post-autistische Ökonomie«, die heute unter dem Titel »Plurale Ökonomik« international aktiv ist. Hier fordern zahlreiche zusammenwirkende Initiativen sowie tausende Hochschuldozierende und Studierende, dass die realitätsferne Theoriebildung und mathematische Modellierung in der Volkswirtschaftslehre gelockert und eine offenere, methodisch wie inhaltliche vielfältigere Volkswirtschaftslehre gefördert wird, in der auch postkeynesianische, ökologische, feministische oder sozialwirtschaftliche Theorien berücksichtigt werden.

Spätestens jedoch im Jahr 2019, als Millionen Kinder, Jugendliche und Erwachsene weltweit im Rahmen von Initiativen wie *Fridays for Future, Scientists for Future, Entrepreneurs for Future* oder *Extinction Rebellion* für konsequenteren Klima- und Naturschutz protestierten, traten diese Themen aus den Nischen langjähriger Fachdebatten, kleiner Parteien und zivilgesellschaftlicher Bewegungen heraus und auf die Hauptbühne nationaler wie internationaler Politik. Hier zeigt sich: Das öffentliche Bewusstsein dafür, dass einer der maßgeblichen Gründe für die ökologische Krise in der weit verbreiteten Erwartung besteht, wir könnten unseren materiellen Wohlstand, unsere Mobilität und unser Konsumverhalten immer weiter steigern, ist in den letzten Jahren stark gewachsen und zum omnipräsenten Thema in Medien und Politik geworden. Diese Präsenz ist eine notwendige, wenn auch noch keine hinreichende Voraussetzung für echte Veränderung.

In ähnlicher Weise nehmen immer mehr Menschen die zweite bedrohliche und grundlegende Krise der Gegenwart ernst, nämlich die Krise der Demokratie. Diese hängt auf mindestens zweierlei Weise mit der Ökonomisierungsdynamik zusammen – zum einen, weil ein über Jahre gewachsener Teil der Bevölkerung sich wirtschaftlich abgehängt oder sogar existenziell bedroht fühlt, und zum anderen, weil demokratische Aushandlungsprozesse angesichts der beschleunigten digitalen Innovationsdynamik als langsam, ineffektiv und potenziell obsolet eingestuft werden. Auch dieser Krise stemmen sich immer mehr Menschen mit überparteilichen Bürgerinitiativen zur politischen Beteiligung und Mitgestaltung entgegen, so etwa mit Bürgerräten, die mittlerweile sogar von Vertreterinnen und Vertretern konservativer Parteien gefördert werden.

Verantwortungsvolle Unternehmensführung

Indem immer mehr dieser Bewegungen das Graswurzelstadium verlassen und sich zu zivilgesellschaftlichen Initiativen formieren, überschreiten sie die Mikro-Ebene des individuellen Engagements und betreten die *Meso-Ebene* von Organisationen. Hier finden sich jedoch nicht nur zahlreiche Nichtregierungsorganisationen, die sich für eine gerechtere und zukunftsfähigere globale Wirtschaft oder die

Wiederbelebung demokratischer Ideale einsetzen, sondern – für manchen noch überraschend – auch immer mehr privatwirtschaftliche Unternehmen, die sich vom einseitigen Wachstums- und Gewinnstreben schrittweise verabschieden. In diesem schnell wachsenden Umfeld haben sich mittlerweile unterschiedliche konzeptionelle Ansätze sowie praktische Umsetzungsstrategien entwickelt. Viele von ihnen firmieren unter englischen Titeln wie *Corporate Social Responsibility* (CSR), *Corporate Citizenship* (CC), *Corporate Social Performance* (CSP) oder jüngst *Corporate Digital Responsibility* (CDR). Gemeinsam ist allen, dass sie soziale und ökologische Fragen nicht mehr als bloßes Mittel zum Zweck für Reputationsmanagement, Kundenbindung und damit letztlich wieder für Gewinnsteigerung instrumentalisieren (auch bekannt als *Greenwashing*, *Bluewashing* oder *Whitewashing*), sondern diese ethischen Herausforderungen tatsächlich ernst nehmen.

Dies tun sie durchaus mit unterschiedlichen Schwerpunkten und unterschiedlicher Konsequenz. Das Spektrum reicht von Ansätzen, Einzelinitiativen mit Selbstvermarktung zu verbinden (»Tu' Gutes und rede darüber«), über Strategien, soziale und ökologische Ziele ins Kerngeschäft zu integrieren, bis hinauf zu jenen Positionen, die außer solider Kostendeckung überhaupt kein ökonomisches Ziel mehr verfolgen, sondern vor allem einen möglichst wertvollen Beitrag zur sozialökologischen Transformation der Gesellschaft leisten wollen. Auch auf dieser anspruchsvollsten Stufe unternehmerischer Verantwortung sind die Varianten, dies konkret in die Tat umzusetzen, zahlreich. Grundsätzlich lassen sich jene Maßnahmen, die die Innenbeziehungen des Unternehmens betreffen, von jenen Maßnahmen unterscheiden, die die Außenbeziehungen des Unternehmens in den Blick nehmen. Mit Blick auf die Innenbeziehungen geht es vor allem darum, möglichst partizipative, sinnstiftende und autonomiefördernde Arbeitsplätze zu schaffen, die befreit sind von ständig steigendem Arbeitspensum und Leistungsdruck und die mit flachen Hierarchien oder gar ganz ohne solche auskommen. Auch mit Blick auf Vergütungsmodelle gehen solche Unternehmen oft neue Wege. Während Individualbonuszahlungen selbst bei einigen deutschen Traditionskonzernen schon seit Jahren abgeschafft und durch Boni ersetzt wurden, die sich am gesamten Unternehmenserfolg bemessen, arbeiten progressive Startups wie auch etablierte mittelständische Unternehmen mit geringen Gehaltsunterschieden oder sogar Einheitslöhnen, um zu signalisieren: Niemand ist wichtiger als jemand anderes, Bedarfsgerechtigkeit ist wichtiger als (angebliche) Leistungsgerechtigkeit oder Statusdenken, und ohnehin ist nicht Geld der primäre Antrieb, sondern die Möglichkeit, an einem gesellschaftlich wertvollen Produkt oder einer gemeinwohlorientierten Dienstleistung mitzuwirken. Die im besten Fall nicht nur modischen, sondern in der Tiefe durchdrungenen und vorgelebten Leitideen im Umfeld dieser Unternehmen lauten Selbstorganisation, integrales Wertesystem, kollegiale Führung, evolutionäres Organisationsverständnis und agile Unternehmensentwicklung. Zudem teilen sie ein kooperatives, vertrauensbasiertes Menschenbild.

Hierzu passt die Idee, dass ein Unternehmen nicht nur dann erfolgreich ist, wenn es einen finanziellen Gewinn erwirtschaftet, sondern die sozialen und ökologischen Auswirkungen des unternehmerischen Handelns mindestens ebenso wichtige und daher auch bilanzierungswürdige Kriterien darstellen. Verschiedene Methoden und Initiativen wie etwa die Gemeinwohlökonomie haben sich hier – wenngleich wiederum mit quantifizierenden Verfahren – hervorgetan.

Selbst die besonders pikante Eigentumsfrage wird in einer wachsenden Zahl von Unternehmen neu beantwortet. Manche Eigentümerinnen und Eigentümer wandeln ihr Unternehmen in ein Stiftungsunternehmen um oder setzen sich für einen neuen Unternehmenstyp namens »Verantwortungseigentum« samt möglicher neuer Rechtsform ein, um Eigentum und Vermögen langfristig an das Unternehmen zu binden und es individuellen Gewinninteressen und Verkaufsoptionen zu entziehen. Und beim Blick auf die Außenbeziehungen von Unternehmen zeigt beispielsweise das politische Ringen um gesetzliche Standards für Unternehmen, Sorgfaltspflichten für Menschenrechte in ihren Lieferketten einzuhalten, dass hier ebenfalls immer mehr Bewegung in lange Zeit verdrängte Probleme kommt.

Auch auf der Meso-Ebene gilt: Ob solche Initiativen und Bewegungen Schule machen und zu einer neuen Normalität werden, ist keineswegs ausgemacht. Fest steht jedoch, dass sowohl die fachübergreifende wissenschaftliche Untersuchung von neuen Formen unternehmerischer Verantwortung als auch die Unternehmenslandschaft selbst längst bunter ist, als es die morgendliche Lektüre der Tageszeitung oder der Diskussionsverlauf in abendlichen Talkshows vermuten lassen.

Abkehr vom quantitativen Wachstumsstreben

Wie aber steht es auf der *Makro-Ebene* der wirtschaftlichen und institutionellen Gesamtordnung? Gibt es hier ebenfalls Initiativen, die dem Effizienz- und Steigerungsdenken neue und andere Perspektiven entgegensetzen?

Die schon einige Jahrzehnte schwelende Diskussion um ein bedingungsloses Grundeinkommen etwa ist in den vergangenen Jahren sichtbar aufgelodert. Zum einen aufgrund der Erwartung, dass durch Digitalisierung und Automatisierung immer mehr Arbeitsplätze wegfallen, zum anderen aufgrund der wachsenden Sehnsucht, ein gegenüber ökonomischen Imperativen selbstbestimmteres Leben führen zu können. Ungeachtet der zahlreichen Pro- und Contra-Argumente für eine solch tiefgreifende Reform des Sozialstaats sind drei Aspekte dieser lebendigen Auseinandersetzung bemerkenswert: Erstens gibt es nicht den *einen* Vorschlag für ein Grundeinkommen, sondern bei näherem Hinsehen zahlreiche verschiedene Konzepte, deren Verständnis von »Bedingungslosigkeit«, von der Höhe eines möglichen Auszahlungsbetrags und auch von der favorisierten Finanzierungsstrategie teils erheblich variieren. Zweitens verläuft die Linie der Befürworter und Gegner in dieser Frage erfrischend quer zu den üblichen Frontverläufen der Berufspolitik, sodass themenbezogene, ideologieübergreifende Allianzen eingeübt werden können, beispielsweise zwischen Vertreterinnen und Vertretern der Grünen oder gar der Linkspartei und Vorständen internationaler (Digital-) Konzerne. Und drittens zielen mehrere Elemente sozialstaatlicher Sicherung schon heute auf eine leistungsunabhängige, rein bedarfsorientierte Grundversorgung der Bürgerinnen und Bürger, etwa das Kindergeld oder die zum 01. Januar 2021 in Kraft getretene Grundrente für Menschen mit allzu schmaler finanzieller Versorgung im Alter. All das zeigt: Die Auseinandersetzung um eine Gesellschaftsordnung, in der eine selbstbestimmte Lebensführung nach persönlichen Maximen sowie gemeinsamen Werten mindestens ebenso stark gewichtet wird wie die ökonomische Prosperität, hat längst begonnen, unabhängig davon, ob sich das Grundeinkommen in naher Zukunft als mehrheitsfähig erweist.

Eine damit in Teilen verwandte, mittlerweile ebenfalls unübersehbare Diskussion betrifft die Frage, ob und inwiefern wir grundsätzlich an Wachstum und materieller Wohlstandsmehrung als übergeordnetem wirtschaftspolitischem Ziel festhalten sollten – oder noch pointierter: Ob wir daran überhaupt festhalten können, sofern wir die Ziele des Pariser Klimaabkommens ernsthaft verfolgen. Bislang reichte es in den meisten politischen Debatten aus, sich in dieser Frage zu einem »nachhaltigen« oder »grünen«, also innovations- und technologiegetriebenen Wachstum zu bekennen, das unsere Wirtschaftstätigkeit in Zukunft schon irgendwie von Ressourcenverbrauch und Umweltverschmutzung entkoppeln würde. Hauptsache, wir müssen nichts an unserem Lebensstil ändern.

Mittlerweile wird jedoch einer breiteren, keineswegs mit neosozialistischen Visionen liebäugelnden Öffentlichkeit bewusst, dass diese Idee nicht mehr als eine vage Hypothese ist, die sich bei so gut wie keinem Produkt bislang bewahrheitet hat und deshalb kaum geeignet ist, die Zukunft des Planeten darauf zu bauen. Daher werden immer mehr Stimmen laut, die eine Abkehr vom aggressiven Wachstumsstreben und stattdessen eine (auch global) gerechtere Verteilung von Einkommen und Wohlstand fordern sowie eine ökologische Nachhaltigkeitspolitik, die diesen Namen verdient. Diese Bewegung heißt in Deutschland »Postwachstumsbewegung«, in anderen Ländern *Décroissance, Degrowth* oder *Steady-State Economy*. In diesem Netz aus Wissenschaft und Zivilgesellschaft, das international auch von der *Wellbeing Economy Alliance* (WE-All) verbunden wird, werden Vorschläge zur Begrenzung des Ressourcenverbrauchs, zur progressiven Besteuerung, zu einem Grund- und Maximaleinkommen, zur Internalisierung von sozialen und ökologischen Kosten in die Preisbildung, zur schrittweisen Verringerung der Arbeitszeit, aber auch zu alternativen Indikatoren für die Messung von menschlichem Wohlergehen entwickelt. Damit wird zugleich sichtbar, dass unsere tradierten Begriffe von Wachstum und Wohlstand materialistisch vereinseitigt sind. In Wahrheit haben Wachstum und Wohlstand viele Gesichter: Persönlichkeitswachstum, Zufriedenheitswachstum oder Zeitwohlstand, um nur einige wenige zu nennen.

Auch bei all diesen Initiativen, die sich mit der makroökonomischen Neuordnung unserer Gesellschaft befassen, gilt: Ob sie Schule machen und zu einer neuen Normalität werden, ist keineswegs ausgemacht. Hierfür bräuchte es eine Stärkung supranationaler Organisationen, die diese übergreifenden Ziele mit starkem Mandat vorantreiben, was bislang jedoch kaum in Sicht ist. Allerdings sind diese Initiativen auch nicht mehr zu übersehen und treiben politische Auseinandersetzungen quer durch die Parteienlandschaft an, sowohl auf nationaler wie auf europäischer Ebene.

Somit verdeutlicht schon ein solch kursorischer Blick, dass es längst zahlreiche individuelle Möglichkeiten und kollektive Initiativen gibt, die mögliche Auswege aus der einseitigen Effizienz- und Steigerungslogik aufzeigen und alternative Zukünfte sichtbar machen. Das sollte jedoch nicht zu naivem Optimismus verleiten. Es fehlt längst nicht mehr an ernstzunehmenden Warnungen, dass populistische, autokratische, nationalistische sowie ökonomistische Tendenzen ein Dauerbegleiter bleiben und dieses 21. Jahrhundert folglich ein autoritäres Jahrhundert werden könnte. Der Soziologe Ralf Dahrendorf hat diese düstere Prognose schon 1997 als »nicht die unwahrscheinlichste« (1997, 14) Variante bezeichnet. Dahrendorf sah das Problem vor allem in der Bildung von »Technokratien«, also einer Allianz von Staat und Wirtschaft gegen die Bürgerinnen und Bürger unter dem Motto

»Wohlstand ohne Politik«. Die Digitalisierung macht es heute umso stärker möglich, Menschen als bloße Konsumentinnen und Konsumenten ruhigzustellen und zu verhindern, dass sie ihre Rechte als Bürgerinnen und Bürger wahrnehmen. Viele nehmen diese »Entlastung« nicht einmal als Freiheitsverlust wahr, sondern vielmehr als Gewinn. Auch die Harvard-Ökonomin Shoshana Zuboff, die ihr Handwerk bei Milton Friedman gelernt hat, einem der Gründerväter des Neoliberalismus, sieht die Welt mittlerweile im Zeitalter des Überwachungskapitalismus angekommen (Zuboff 2019). Diese Gestalt des Kapitalismus, so Zuboff, kommt auf leisen Sohlen daher und entwürdigt die Menschen schleichend und kaum wahrnehmbar, indem sie unsere Erfahrungen enteignet und als digitalen Gratisrohstoff für marktfähige Produkte nutzt. Der Kampf um die Zukunft unserer Wirtschafts- und Gesellschaftsordnung beginnt für Zuboff daher mit unser aller Empörung, er führt jedoch unweigerlich zu der Frage nach der Regulierung von daten- und algorithmengetriebenen Geschäftsmodellen bis hin zur Aufspaltung jener Unternehmen, die es sich als Oligopole und Monopole auf diesen »Märkten« bequem gemacht haben.

So notwendig solcher Widerstand ist, so wenig sollte er jedoch in rigorosen Moralismus oder destruktive Freiheitsbegrenzung umschlagen. Der Moralismus und die Tendenz zur Selbstgerechtigkeit liegen gerade bei jenen nahe, die sich in den skizzierten Initiativen und Bewegungen engagieren, eben weil moralische Perspektiven in der neoklassisch dominierten Mainstream-Wirtschaftspolitik so lange ausgeblendet wurden und viele hier nun »Nachholbedarf« verspüren. Die Tendenz zur Freiheitsbegrenzung liegt wiederum politisch für so manche nahe, weil Gebote und Verbote neben finanziellen (insbesondere steuerrechtlichen) Anreizen und Sanktionen die maßgebliche Weise waren, in denen kollektive Verhaltenssteuerung in den vergangenen Jahrzehnten eingeübt und verinnerlicht wurde. Keine Frage: Sowohl finanzielle Anreize als auch sanktionsbewehrte Regulierung sind zur Verhaltenssteuerung in gewissen Graden notwendig und sinnvoll. Aber sie können und sollten kein letzter Fluchtpunkt einer Gesellschaft sein, die sich weiterhin am Ideal individueller Mündigkeit und aufgeklärter Verantwortungsbereitschaft orientieren möchte. Für eine solche Gesellschaft ist das Ideal der freiwilligen, auf Einsicht gründenden Selbstbeschränkung das angemessenere Ideal. Auch wenn dieses schon oft von der Industrie missbraucht wurde, die die Politik auf »freiwillige Selbstverpflichtungen« statt strenger Regulierung heruntergehandelt (und diese dann oft ignoriert) hat. Auch wenn freiwillige Selbstbeschränkung mehr Bildung, Aufklärung und langen Atem benötigt: Dieser mühsamere Weg lohnt sich, wenn wir nicht in einer illiberalen oder rein auf persönlichen Vorteilserwartungen gegründeten Gesellschaft leben wollen.

Damit wird deutlich, dass wir alle vor einer gemeinsamen, grundlegenden Herausforderung stehen. Diese liegt darin, demokratische Haltungen wiederzuentdecken und neu zu kultivieren: die Fähigkeit, anderen aufrichtig und empathisch zuzuhören, ihre Gefühle und Argumente ernst zu nehmen und sie in die eigene Urteilsbildung und das eigene Verhalten einzubeziehen; die Bereitschaft, eigene Partikularinteressen zurückzustellen zugunsten der überparteilichen Orientierung am Gemeinwohl, also an der Frage, welche Lösung für alle Betroffenen (heutige wie zukünftige) die beste wäre; der Aufgabe, Solidarität füreinander zu entwickeln, auch wenn wir uns in anonymen Großgesellschaften und internationalen Wertschöpfungsketten nicht mehr persönlich begegnen; und schließlich den Willen zum Kompromiss bei widerstreitenden Perspektiven und Interessen. All diese Bereitschaften und Fähigkeiten sind keine Schwächen, sondern die tiefen Stärken einer offenen Gesellschaft. Mit ihnen können wir die Bürgergesellschaft als Ort des Gemeinsinns neu entdecken lernen.

Literatur

Dahrendorf, Ralf (1997): An der Schwelle zu einem autoritären Jahrhundert, in: Die Zeit, 14.11.1997, S. 14

Hadamitzky, Wolfgang (2010): Begriffe, Theorien, Ideologien. Berlin: de Gruyter

Schimank, Uwe/Volkmann, Ute (2008): Ökonomisierung der Gesellschaft. In: Maurer, Andrea (Hrsg.), Handbuch der Wirtschaftssoziologie. Wiesbaden: Springer, S. 382–393

Zuboff, Shoshana (2019): Surveillance Capitalism – Überwachungskapitalismus. In: Aus Politik und Zeitgeschichte 24–26, S. 4–9

Verzeichnis der Autorinnen und Autoren

Christoph Böhm arbeitet für die Unternehmensstrategie der SAP und beschäftigt sich dort im Schwerpunkt mit Business-Ethik und Nachhaltigkeit. Er studierte Informatik in Berlin und Philosophie in Wien. Im Rahmen einer Promotion im Fach Philosophie an der Universität Freiburg forscht er seit 2017 auf dem Gebiet der Unternehmensverantwortung im Kontext der Digitalisierung.

Christian Dries hat über Günther Anders, Hannah Arendt und Hans Jonas promoviert und ist als Philosoph und Soziologe an den Universitäten Freiburg und Basel sowie für die Thales-Akademie tätig. Zudem ist er Gründungsmitglied und stellvertretender Obmann der Internationalen Günther Anders-Gesellschaft, die alle zwei Jahre den Günther Anders-Preis für kritisches Denken vergibt.

Silja Graupe ist Professorin für Ökonomie und Philosophie an der Cusanus Hochschule für Gesellschaftsgestaltung und zugleich deren Mitgründerin und Vizepräsidentin. Eine plurale und kritische Lehre über Ökonomisierungsprozesse hat sie fest in die Lehrcurricula aller Masterstudiengänge ihrer Hochschule verankert, zugleich liegt auf ihnen einer ihrer zentralen Forschungsschwerpunkte.

Tilman Harlander war Professor für Architektur- und Wohnsoziologie am Institut für Wohnen und Entwerfen der Fakultät für Architektur und Stadtplanung der Universität Stuttgart. Er forscht und publiziert zu den Schwerpunkten Architektur- und Wohnsoziologie, Stadt- und Quartiersentwicklung, Stadtgeschichte und Urbanisierungsforschung sowie Wohnungspolitik.

Thomas Hauser war Chefredakteur und Herausgeber der Badischen Zeitung in Freiburg. Der Erziehungswissenschaftler veröffentlichte 2019 das Buch »Ralf Dahrendorf – Denker, Politiker, Publizist«.

Reinhard Loske ist Professor für Nachhaltigkeit an der Cusanus Hochschule für Gesellschaftsgestaltung und zugleich deren Präsident. Zuvor war er unter anderem Senator für Umwelt, Bau, Verkehr und Europa der Freien Hansestadt Bremen sowie Mitglied des Deutschen Bundestages und dort stellvertretender Fraktionsvorsitzender von Bündnis 90/Die Grünen.

Aladin El Mafaalani ist Professor für Erziehungswissenschaft an der Universität Osnabrück. Dort ist der promovierte Soziologe Inhaber des Lehrstuhls für Erziehung und Bildung in der Migrationsgesellschaft. Zuvor war er Lehrer und Ministerialbeamter im Ministerium für Kinder, Familie, Flüchtlinge und Integration in Nordrhein-Westfalen. 2020 erschien von ihm das Buch »Mythos Bildung – Die ungerechte Gesellschaft, ihr Bildungssystem und ihre Zukunft«.

Giovanni Maio ist Professor für Bioethik und Medizinethik an der Albert-Ludwigs-Universität in Freiburg und leitet auch das interdisziplinäre Ethikzentrum der Universität. Der studierte Mediziner und Philosoph ist Autor zahlreicher Publikationen zu ethischen Fragen, auch zu solchen im Zielkonflikt mit der Ökonomie. Er ist Mitglied des Ausschusses für ethische und juristische Grundsatzfragen der Bundesärztekammer.

Felix Maschewski ist Publizist, Wirtschafts-, Literatur- und Kulturwissenschaftler, Mitarbeiter am Institut für Wirtschaftsgestaltung Berlin und Dozent an der Freien Universität Berlin. Als Essayist schreibt er regelmäßig u. a. für die FAS, Hohe Luft, Die Republik, NZZ und das Philosophie Magazin.

Philippe Merz ist Mitgründer und Geschäftsführer der Thales-Akademie mit Sitz in Freiburg. Zuvor studierte er Philosophie und

Literaturwissenschaft und promovierte in Philosophie zur phänomenologischen Ethik Edmund Husserls. Bei der Thales-Akademie entwickelte er die Weiterbildungen Wirtschaftsethik, Medizinethik und Digitalethik und leitet Seminare zur Wirtschaftsphilosophie und Digitalethik für Unternehmen und Hochschulen.

Anna-Verena Nosthoff ist Philosophin, politische Theoretikerin und Publizistin. Sie war zuletzt Research Fellow am Weizenbaum-Institut für die vernetzte Gesellschaft. Derzeit lehrt sie an der Universität Wien sowie an der Freien Universität Berlin. Als Essayistin schreibt sie regelmäßig u. a. für die FAS, Die Republik, NZZ und das Philosophie Magazin.

Philipp Staab ist Professor für die Soziologie der Zukunft der Arbeit an der Humboldt-Universität in Berlin und am Einstein Center Digital Future (ECDF). Er befasst sich mit den Themen Technologie, Arbeit, politische Ökonomie und soziale Ungleichheit. 2019 erschien von ihm das Buch »Digitaler Kapitalismus – Markt und Herrschaft in der Ökonomie der Unknappheit«.